# 遺伝子からたどる日本の歴史と起源

杉田繁夫 著

緑書房

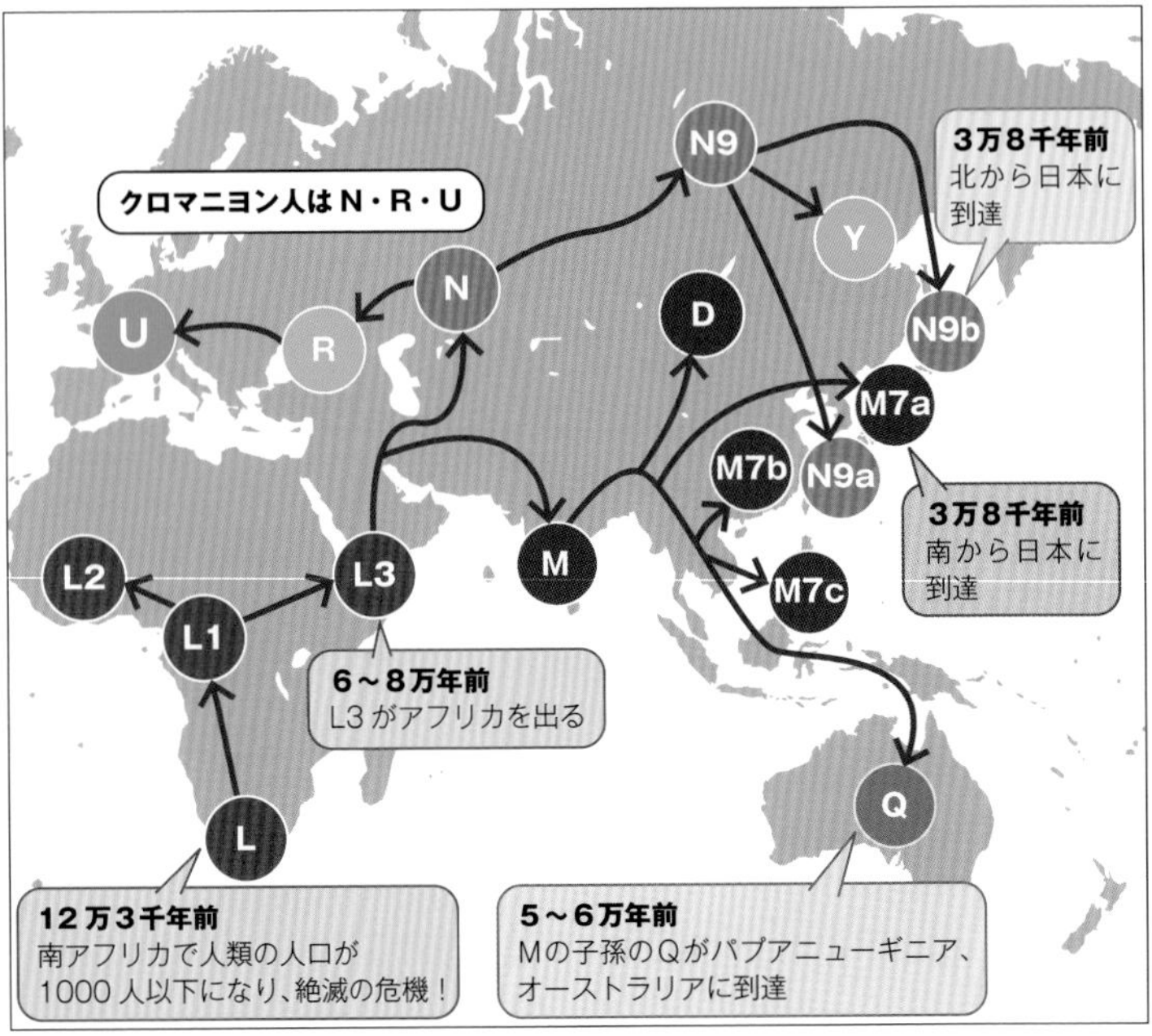


**口絵1：ミトコンドリアハプログループの移動（脱アフリカ初期）**
図は筆者が人類の移動を単純化し、主要なハプログループをおおまかにまとめたもの。

## 説明

①およそ12万3千年前、人類は絶滅寸前の危機となった（第2章を参照）。しかし南アフリカで生き残り、ミトコンドリアハプログループはLだけになった。

②Lの子孫はアフリカで増加し、L1、L2、L3と多様性が復活する。アフリカを出たのはL3のみである（6～8万年前）。

③約7万年前から最終氷期が始まり、アフリカ東部では狩猟が困難になり、L3は紅海の南端のバブ・エル・マンデブ海峡を渡り、アラビア半島南部に至ったと考えられる。この図では、ペルシア湾の入口を渡りアジアに至ったという仮説をもとに矢印を書いた。ちなみに、北アフリカからシナイ半島を通ると陸路で渡ることができるが、サハラ砂漠を越えるのは困難だったと考えられる。

④最初にユーラシア大陸に渡ったのはインドを通り東に進んだMと、北に進んだN。Mは海を渡り、パプアニューギニア・オーストラリアに到達（Q）。

⑤最終氷期には、現在の東南アジアの海にスンダランドという大陸があったと考えられている。そこにいたM7は北上し、M7cは海を渡りフィリピンやインドネシアへ、M7bは大陸沿岸～中国南部、M7aは3万8千年前に海を越えてヤポネシア（現在の日本と樺太を含む）へ至る。

⑥Nはおそらく大型動物を追いかけてシベリアを東に進み、N9a、N9b、Yに分かれる。N9aは南下し中国南部や台湾へ、大陸・樺太・北海道はつながっており、N9bはそのルートを通じてヤポネシアへ、Yはシベリア沿海州方面へ至る。

⑦Nはヨーロッパを西に進み、R・Uになる。クロマニヨン人はN・R・U。

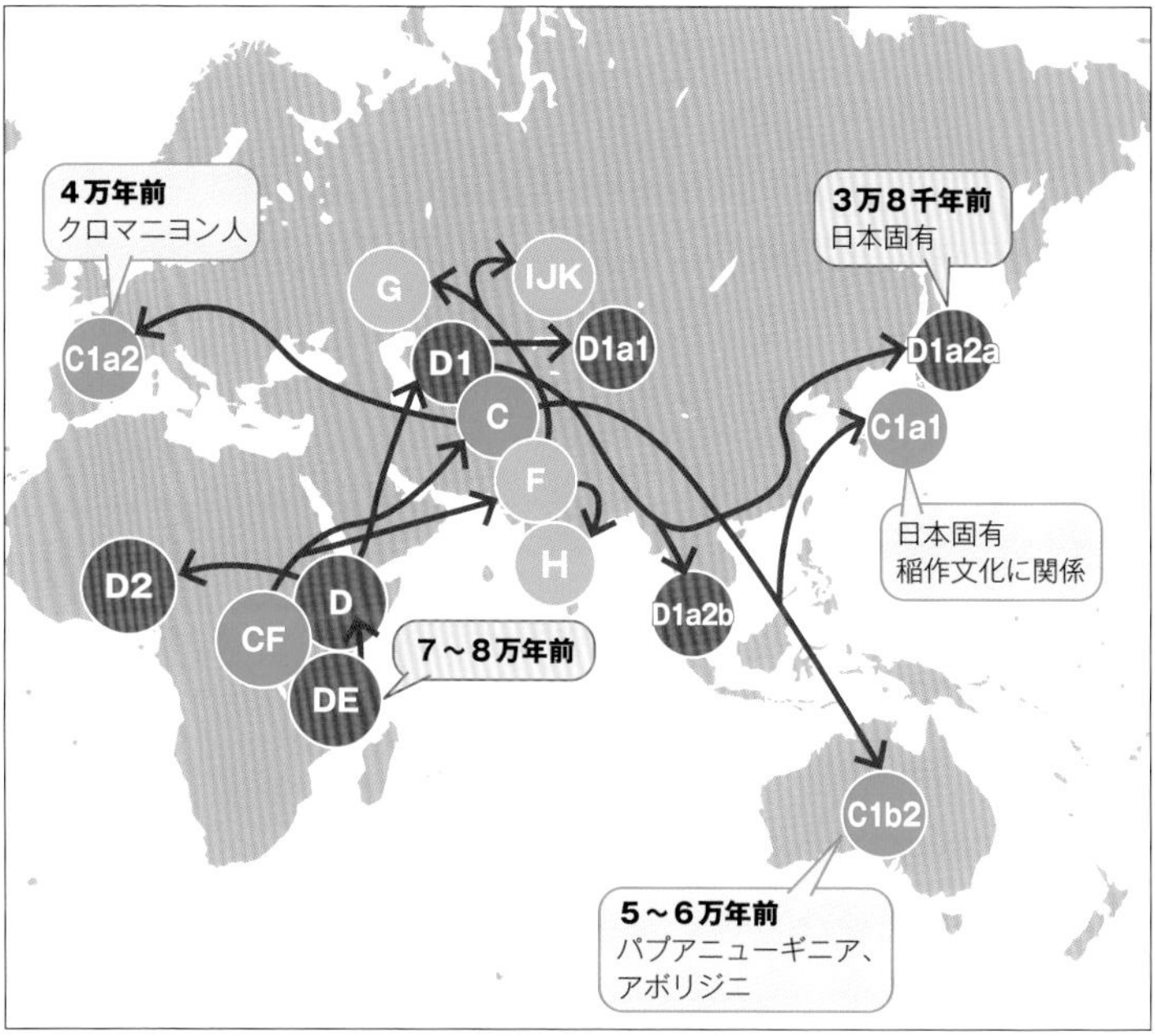


**口絵２：Ｙ染色体ハプログループの移動（脱アフリカ初期）**
Ｙ染色体ハプログループのデータはミトコンドリアハプログループにくらべると圧倒的に少ないことを考慮すべきである（第１章を参照）。

## 説明

①７～８万年前、Ｙ染色体ハプログループＤ・Ｅの祖先の遺伝子に変異が起こった。この変異をもつのはＹ染色体ハプログループＤとＥのみ。便宜的にＤとＥの祖先をDEと記す。

②ＤはアフリカでD1とD2に分かれる。最も早く東アジアに至ったのはD1で（６～８万年前）、D2とＥはアフリカ周辺に留まった。CFもおそらく同時期（６～８万年前）にアフリカを出て、その後ＣとＦに分かれた。つまり、アフリカを出たのはD1とCFのみである。

③Ｃは東西に移動し、西はクロマニヨン人のC1a2、東は日本人に固有のC1a1、パプアニューギニア・アボリジニに多いC1b2になった（第４章を参照）。

④ＦはＨ・Ｇ・IJKの発祥元の仮想のハプログループで、詳細は不明である。Ｈはインド亜大陸に多く、古くからの先住民と思われる。Ｇは西アジアが発祥で、コーカサス～ヨーロッパに多い。紀元前5000～紀元前3000年のヨーロッパの人骨はG2aが多い。

⑤Ｄの中で北へ向かったのがD1a1で、チベット人の49％を占める。海岸線に沿って東に向かったのがD1a2で、インド東部アンダマン諸島ではD1a2bが高頻度にみられる。D1a2aは日本固有のハプログループで、アイヌに85％、本州に32％、沖縄に56％でみられる。

口絵１と２より、アフリカを出たのはミトコンドリアハプログループL3（女性）とＹ染色体ハプログループD1・CF（男性）のみと分かり、おそらく少数のグループの「新人」のみが成功したのかもしれない。

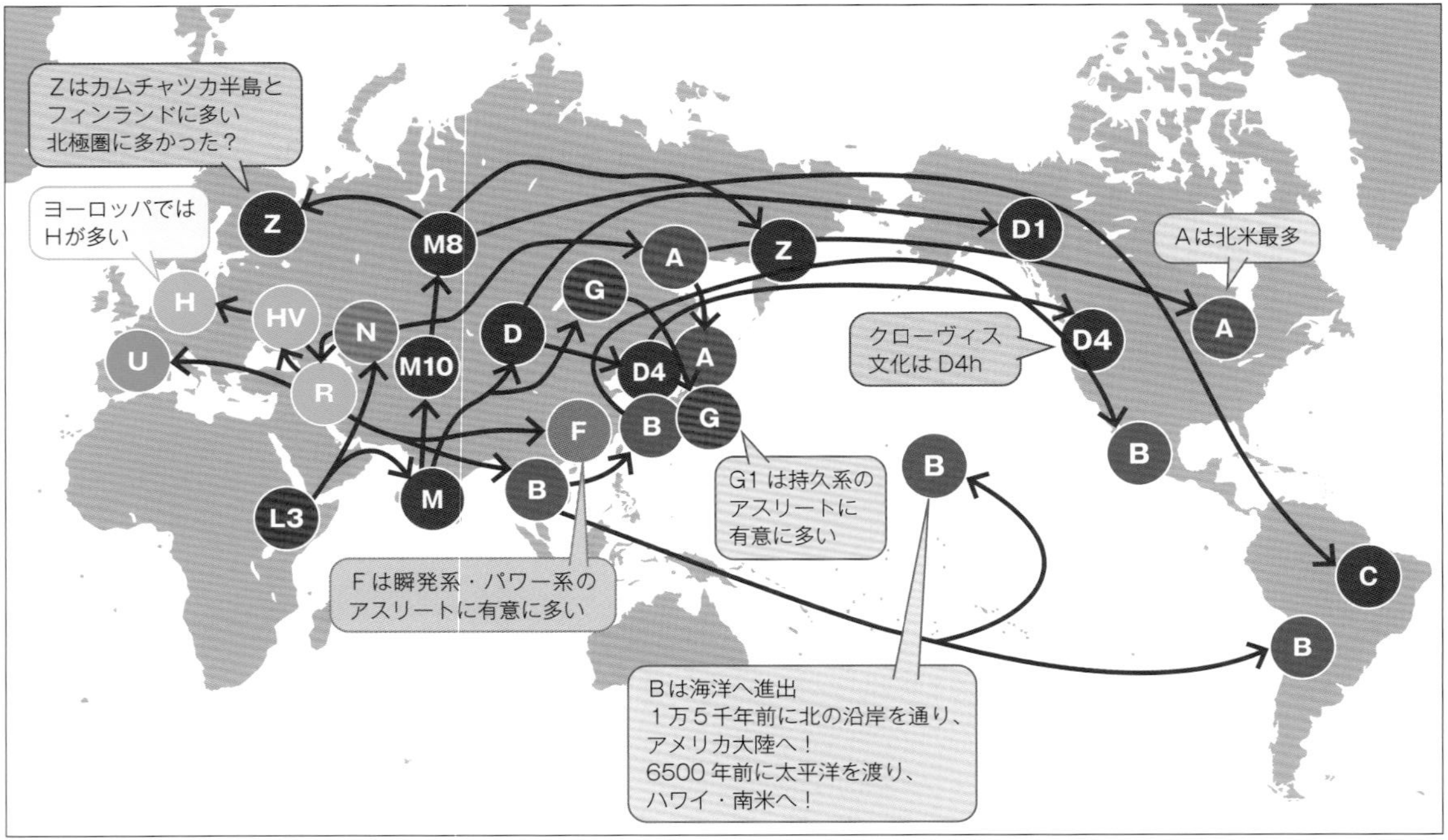


口絵3：ミトコンドリアハプログループの移動（脱アフリカ以降）

## 説明

①ミトコンドリアハプログループMからD、Gが分岐した。Dは東アジア全体、そして現代日本で最も多い。D4 は縄文人からも検出され、D1 はアメリカ先住民にもみられる。Gは北方アジア（シベリアなど）でみられるが、縄文人からも検出され、現代日本人でも 6.9%でみられる。日本の持久系のアスリートでは、ハプログループ G1 が多い！

②NからはAが分岐した。極東地域、北米で最も多いハプログループで、日本人では 6.9%でみられる。

③Nから分岐したRからさらにBが分岐した。Bは特定部位の DNA 配列が９塩基欠損しているのが特徴である。日本人ではＤに次いで２番目に多く、南方からやってきたとみられる縄文人骨からも検出されている。1万５千年前に北の沿岸を通り、アメリカ大陸へ進出した。また、6500 年前には太平洋を渡り、太平洋諸島、ハワイ、南米へ渡った。

④Bと同様にRから分岐したFは、東南アジア最大のハプログループである。Bのように海洋進出はせず、ほとんどが東南アジアに留まった。縄文時代に北上し日本へと渡り、日本人では 5.2%でみられる。Fは瞬発系・パワー系のアスリートに有意に多い！

⑤Mは北上し、チベットで M10、中央アジアで M8 になった。

⑥Cは中央アジアの M8 から分かれ、アメリカに渡った。南アメリカや中央アジアの先住民で非常に多いが、アジアに残っているのは少数である。M8からはZも分かれ、カムチャツカ半島とフィンランドに多い。北極海沿いに移動したのだろうか？

⑦Rから HV に分かれ、西アジア～コーカサスへ広がり、さらにHとなりヨーロッパに至る。Hはヨーロッパ人の 41%を占める。

## POINT

1950 年を基点としたときに何年前かを示す単位を「BP」といい、口絵の図はこれを用いて作成している（例えば２万３千年前という表現は、厳密には「1950 年から 12 万３千年前」である。しかし数万年前という単位で非常に古い時代について考えるため、「現在から 12 万３千年前」としてもほぼ同じ結果と考えて問題ない）。

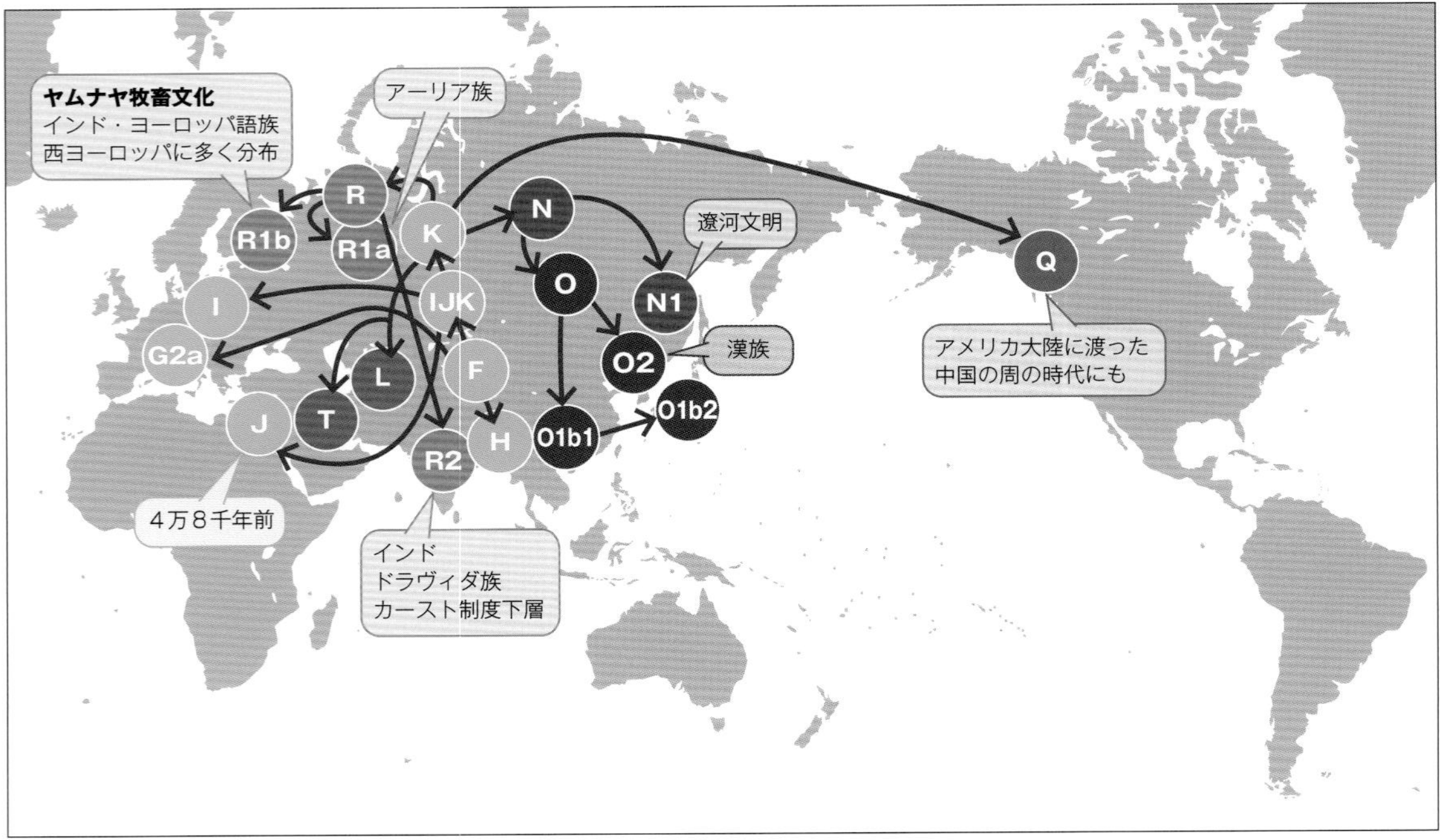


**口絵4：Y染色体ハプログループの移動（脱アフリカ以降）**
口絵2のとおり、初期のグループ（D1・CF）がアフリカを出た後、さらに後発で他のグループがアフリカを出たのではなく、初期拡散したグループがさらに拡散していったと考えられる。

## 説明

①Y染色体ハプログループIJKから分かれたIは、2～3万年前に、C1a2（クロマニヨン人）に次いでヨーロッパに広まった。北欧でI1、バルカン半島～西ヨーロッパでI2が多い。ちなみに、スイスで発見された1万3千年前のクロマニヨン人のY染色体ハプログループはI2aなので、C1a2とは共存したと考えられる。

②FからH・IJK・Gとなり、Gはアナトリア農耕文化を伝えた農耕民族G2aとなり、ヨーロッパに入り込む。G2aはそれまでにヨーロッパに広がっていたI2とは対立せずに共存し、農耕文化と巨石文化を起こす※。その後、牧畜・騎馬民族であるR1b（ケルト人の80%がR1b）によって征服され、G2aもI2もほとんど消し去られた。

※縄文文化にも環状列石をはじめとする巨石文化があり、現在も残っている。自然に巨石文化が起こったのか、新石器文化とともに世界的に伝播したのかは不明。

③IJKから4万8千年ほど前に分かれたJは、アラビア半島や北アフリカに移動した。J1はアラブ人に多く、J2は肥沃な三日月地帯～トルコ、ヨーロッパの地中海沿岸、中央・南アジア（インド）に多く、メソポタミア文明を開いたと考えられている。IJKから4万7千年ほど前に分かれたKは非常に繁栄し、数が多い。

④最終氷期のころに、Kの子孫であるPからRが分かれ、R1とR2に分かれる。R1はさらにR1aとR1bに分かれる。R1bは現在のウクライナで牧畜・騎馬文化（ヤムナヤ牧畜文化）を発達させ（紀元前3600年～紀元前2200年ごろ）、ヨーロッパを支配し（第5章を参照）、②のとおりG2a・I2を駆逐するとともに、インド・ヨーロッパ語族として言語を広めていった。R1aはインド方面に広がり、アーリア族として知られる。このR1aとR1bがヨーロッパ～インドまでの強力な国家を作っていく。一方R2はインド亜大陸に移動し、ドラヴィダ族としてカースト制度の下層に抑えつけられる。

⑤KからはT・L・Q・Nも分かれた。Tは西アジアに広まり、Qはシベリアを通りアメリカ大陸に至る。アメリカ先住民は圧倒的にQが多く、周（現在の中国）でもQが存在したことが分かっている（第5章を参照）。N1は遼河文明の担い手と考えられ、紅山文化の古代骨ではN1aが66.7%であった。Lはパキスタンに特徴的なグループである。

⑥Kから分かれたOからさらにO1とO2が分かれた。O2は中国の黄河の中原で広がり、漢族として、漢の時代に権力の中枢となる。O1はO1b1とO1b2に分かれる。O1b1は中国南部～東南アジア・インドの方へと広がり、インディカ米を伝えていったと考えられる。O1b2は中国南部あたりからジャポニカ米を日本に伝えたと考えられ、日本と韓国に特有である（第6章を参照）。

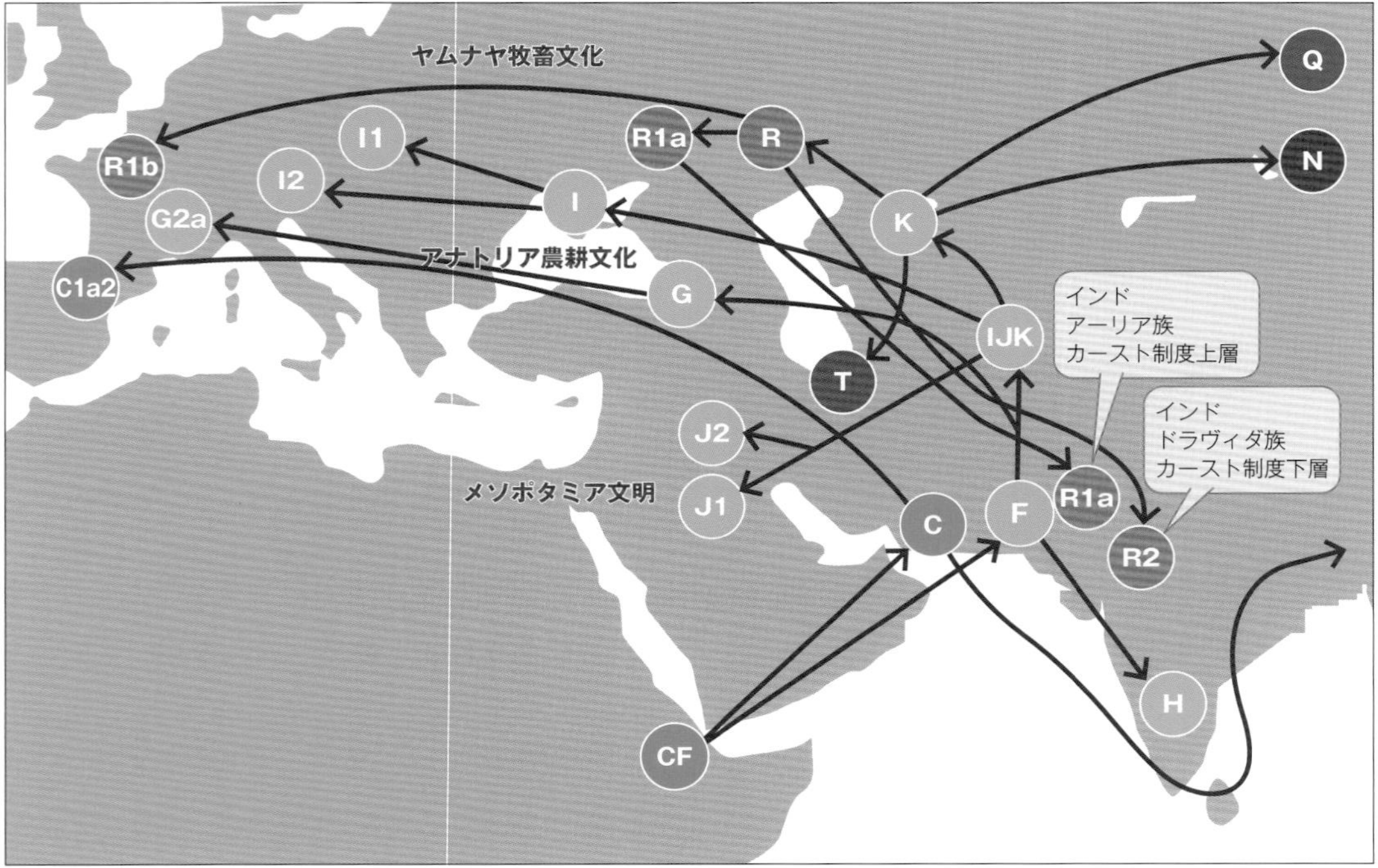


口絵５：カースト制度にかかわるＹ染色体ハプログループ

# 目次

口絵…2
はじめに…14

第1章　歴史って、遺伝子で何か分かるの？

遺伝子からも、歴史は分かる！…20
コラム「新型コロナウイルス患者が多い国と少ない国があるのはなぜ？」…35

第2章　旧石器時代　遺伝子から人類のルーツをたどる

洞窟から人類のルーツをたどって…40
滅びかけた人類／旧人は旧人にあらず／ネアンデルタール人は色白／デニソワ洞窟をミトコンドリアゲノムから探る／ネアンデルタール人とデニソワ人

第3章　岩宿時代　日本に渡った人類

世界で最も早い磨製石器時代…54
2万5千年ほど早い磨製石器の使用／岩宿時代とは／黒曜石はどこから／

火山列島が作り出した豊かな石器
コラム「相沢忠洋の発見」…62
**日本人のミトコンドリアゲノムを探れ**…64
ミトコンドリアゲノム／日本列島に到達したのは／最初にアメリカ大陸を発見したのは
コラム「アミノ酸の変化」…73

## 第4章　縄文時代　日本人の遺伝子にせまる

**縄文時代のはじまり**…76
大型動物の絶滅／定住文化のはじまり
**日本人のY染色体ハプログループ**…84
Y染色体ハプログループ／Y染色体ハプログループD／Y染色体ハプログループC／Y染色体ハプログループO
コラム「主成分分析とは」…94
コラム「東アジアの主成分分析」…97
**ヒスイの交易**…100
遼河文明と縄文文化／ヒスイの交易ルート／中国東部の遺伝子解析
コラム「三内丸山遺跡の暦」…111

縄文人の移動…115
縄文時代最大の自然災害 アカホヤ大噴火／大陸と日本での人の移動
コラム「海を渡るヒョウタン」…120
まとめ…123
縄文時代のパーツをつなげてみよう

# 第5章　大陸の歴史　大陸と日本の遺伝子

春秋戦国時代のはじまり…128
ヤムナヤ牧畜文化の誕生／夏王朝の誕生から春秋戦国時代まで／
周の時代のY染色体ハプログループ
コラム「中国・韓国における血統」…136
コラム「孔子のY染色体ハプログループ」…139
コラム「Y染色体ハプログループQの謎」…140
秦の中華統一…144
秦の勢力拡大／始皇帝の中華統一／始皇帝の取り組み／兵馬俑／
劉邦と項羽 ～漢王朝の成立～

**大陸の遺伝子と歴史**…159
Y染色体ハプログループO2の繁栄


## 第6章　弥生〜古墳時代　伝播する遺伝子と文化

**伝播する稲作**…166
弥生時代のはじまり／イネの栽培とY染色体ハプログループO／渡来人と日本
**コラム「米の品種改良」**…173
**コラム「製鉄技術」**…175
**神代、そして、天皇の世紀**…178
ヤマト王権の誕生／神武天皇はいつごろの人なのか？／
邪馬台国の女王「卑弥呼」はヤマト王権と関係ない！／137歳まで生きた神武天皇!?
**コラム「オキシトシンとセロトニン」**…192
**コラム「縄文時代末期に人口が激減したのは本当？」**…197
**古墳と日本**…203
前方後円墳はなんのため／水田を作るには／古墳と水田／「倭」の国から「日本」へ／
日本の自然観
**コラム「民の竈」**…217

# 第7章　遺伝子でみるカースト制度
## DNAで南アジアの歴史が分かる

**インドの歴史** … 222
カースト制度とは／考古学における「文明のはじまり」／メソポタミア～ハンムラビ法典の奴隷階級～／インダス文明の出現と滅亡／バラモン教
**インド周辺の人類の移動** … 233
人類の移動／ミトコンドリアハプログループ／Y染色体ハプログループ
**コラム「ウラル・アルタイ語族の言語」** … 240
**Y染色体ハプログループからヴァルナ制度を考える** … 243
インドのY染色体ハプログループF・H／インドのY染色体ハプログループJ／インドのY染色体ハプログループL／インドのY染色体ハプログループR
**まとめ** … 248

おわりに … 251
参考文献 … 258
著者プロフィール … 263

# はじめに

京都大学の学生だったとき、古生代に存在していた獣型爬虫類《じゅうけい》（単弓類）は私たちの祖先であり、地球上で非常に繁栄していたこと、そして古生代末期にほぼ絶滅したことを知って、一度目の大きな衝撃を受けました。

次に、国立予防衛生研究所（現・国立感染症研究所）で働きだしてから、ウイルスの分子進化について研究することになり、そのときに中立進化の正しさに二度目の衝撃を受けました。集団遺伝学者の木村資生《きむらもとお》氏が提唱した中立進化は、生物の進化において「強いものが生き残る」のではなく、「サバイバル・オブ・ザ・ラッキエスト」、つまり「運のいいものが生き残る」という新しい原理だったのです。

私が育った阪神地区は、１９９５年の阪神淡路大震災で大きな被害を受けました。そして、私たちは２０１１年の東日本大震災で震度7を経験しました（私は宇都宮の研究所で震度6強を経験しました）。その中で、私は合唱のピアノ伴奏をしていたので、指導してくれたピアノの先生と一緒に「音楽を届けよう」と思い、被害のあった宮城県石巻市へ数回ボランティアに行きました。そこで、石巻市の人々との「絆」によってかえって私が勇気づけられ、幸せな気持ちになったのです。このような大きな災害に見舞われた際にも、「絆」を大切にして助け合う日本の文化は、世界から大きく賞賛されています。そして、その「絆」と結びつくのは「オキシトシン」という脳の視床下部から出るホルモンであると知りました。

そして、オキシトシンのはたらきによって、人が人とだけではなく他種の動物（犬や猫、それだけでなく馬など）との間にも、絆を育めることに三度目の衝撃を受けたのです！

私たちは、何か危険を察知すると心臓の鼓動が高まり、身構え、不安になります。そんなとき、扁桃体が興奮し、脳内ではコルチゾールというホルモンがいっぱい出て、臨戦態勢になります。

扁桃体とは緊急シグナルを発信する器官で、本能を司る大脳辺縁系にあります。脊椎動物は単弓類へと進化する過程で、この大脳辺縁系を高度に発達させてきました。

そして、私たちの前についに敵が現れると「闘うか逃げるか」という選択を迫られ、恐怖や怒りがこみ上げてきます。これは、アドレナリンというホルモンがいっぱい出て、交感神経が興奮している状態です。

そして、闘うにしても逃げるにしても我を忘れて無我夢中で全力で行動します。そして、成功するとドーパミンという神経伝達物質が出て、歓喜の雄叫《おたけ》びをあげるのです。

これらのはたらきから生まれる怒りや歓喜は、大脳辺縁系による本能的衝動（「情念」）です。


一方、中生代の恐竜の時代に、私たちは哺乳類へと進化します。哺乳類は他の恐竜などの爬虫類（双弓類）とくらべて圧倒的に弱いので、個々で生き抜くのではなく、社会性を高めて協力し合って危機を乗り越えようとしました。

そのときに、脳の前頭前野に指揮者のような司令塔をもつ「考える脳」、大脳新皮質が発達しました。

大脳新皮質のはたらきによって、「情念」とは別の「感情」というものが生まれました。私たちが動物と共感し、コミュニケーションをとることができるのは「感情」があるからです。ここで、先ほどご説明したオキシトシンが「絆」を生む役割をもつようになりました。

ところで「勉強」の語源は「勉め、強いる」、つまり意思に反して強制させられることです。江戸時代では、商売の言葉で

「兄ちゃん、この商品はもともと1300円やけど、1000円に勉強しとくから買ってぇな」

「そやな、500円やったら買うけど」

「そんな殺生な。しゃあない、750円に勉強するからどや！」

というふうにも使われていました。そして、明治時代になって教育制度が整えられるようになり、試験や成績に一喜一憂して「学ぶ辛さ」というところから、今で使われる「勉強」の意味になりました。

しかし、辛い「勉強」で学んだことってすぐに忘れてしまいませんか？

特に受験勉強では、偏差値に一喜一憂することで、コルチゾールがいっぱい出て扁桃体が興奮し、不安になります。

そんな中で覚えたことは、大脳新皮質には定着せず、大脳辺縁系にある「海馬」の短期記憶装置に留まってしまいます。だから忘れてしまうのです。

英語の「ｓｔｕｄｙ」はラテン語の「ｓｔｕｄｉｕｍ」に由来し、「情熱、

熱意」を意味します。「ｓｔｕｄｅｎｔ」はｓｔｕｄｉｕｍの動詞の「ｓｔｕｄｅｏ」が語源です。つまり、情熱や熱意を傾けている人がスチューデント（学生）なのです。

このような「ｓｔｕｄｙ」は、前頭前野の理性による学びです。そんな中で覚えたことは、大脳新皮質のワクワクとした「感情」を伴い、身に付くようになります。

学校を意味する「ｓｃｈｏｏｌ」はギリシャ語の「ｓｋｈｏｌē」が語源で、「ひま、余暇」を意味します。

この本は、歴史（おもに日本史）を、遺伝子という側面から「スタディ」できるように執筆しました。ひまとゆとりを作って、じっくりと考えながら読んでいただければ幸いです。

暗記して覚えても、時代が進んでいく中で、いつかその内容は古くなっていることでしょう。ですから、自分で考えることが大切です。前頭前野をはたらかせて、大脳新皮質のワクワクを楽しみながら、自分なりの仮説を「妄想」してみるのも楽しいことでしょう。

# 第1章

# 歴史って、遺伝子で何か分かるの？

# 遺伝子からも、歴史は分かる！

この本を手に取ってみたものの、「遺伝子は歴史と関係あるの？」って思う人もいるかもしれませんね。遺伝子についても、なんとなくは知っているものの、「じゃあ実際にどうなっているか教えて！」と言われると、説明するのは意外と難しいかもしれません。

最初に、そんな色々な疑問についてお答えしていきます。

**歴史学は「古い時代の文献を探して読み明かすこと」や「発掘された古い土器を分析して考えること」って思っていました。遺伝子を研究すると、歴史について何か分かるんですか？**

そうですね。歴史を学びたければ、文学部の歴史学科などで学ぶのが普通であるように思えます。ですが、歴史は歴史学以外でも学ぶことができます。まずは、その理由をご説明しましょう。

「歴史学」は文系的な手法で、古い（歴史的な）文献を読み明かして、過去の歴史を解明する学問です。[※1] 一方、遺伝子の研究は「考古学」にあたります。「発掘された古い土器を分析して考えること」は、歴史学ではなく考古学の範囲です。

考古学は、遺跡の発掘などを行って古代の人類の足跡を研究する学問です。現代の科学技術、例えば遺伝子解析や炭素14などの同位体元素の解析（後述）といった理系的な手法で、物質の面から過去を解明していきます。かの有名な、ハリソン・フォード演じるインディアナ・ジョーンズも、このような手法で研究する考古学者です。まあ、映画の考古学と現代の実際の考古学はかなり違いますが……。

こんな歴史学と考古学って、ときには対立しそうですよね。ですが、そうではありません。

例えば、現代の科学技術を使ったインクや紙の分析で、古文書の紙がどこで製造され、どういう墨を使っていたのか分かるかもしれません。ＡＩ技術によって膨大な文字パターンを解析したり、文献資料をデータベース化したりすることで、解読できなかった古文書が解読され、現代語訳がで

※１　かつて歴史学では、歴史を文字記録がある「歴史時代」と、文字記録のない「先史時代」に分けていました。しかし「先史時代」とされたマヤ文明やインカ文明には文字がみつかり、文字がみられなくても高度な技術をもつ地域もあるため、現在「歴史時代」と「先史時代」の区分の科学的根拠は失われています。考古学者は、炭素14年代測定法で年代を推定します。BP（Before Present）という単位を使い、これは1950年から何年前かという意味です。

きるようになるでしょう。また、AIは、文章の癖から書かれた時代や、筆跡データから「この文字は誰が書いたのか」なんていう謎解きをすることも可能です。遺伝子データからは、青森県の三内丸山遺跡で生活していた縄文人はマグロを食べていたことや、実はクリを植林していたなんてことも分かっています。

つまり、歴史学と考古学は対立するものではありません。協力し合ってこそ、今までにない発見ができますよ。[※2]

## 「青森県の三内丸山遺跡で生活していた縄文人はマグロを食べていた」って、年代まで測定できるの？

考古学や古生物学では、年代測定ができるのです。この推定を可能にしたのが「炭素14年代測定法」です。遺伝子のお話ではありませんが、大切なことなので簡単に解説します。

まず、炭素には同位体というものがあります。同位体とは、同じ原子で

※2　千葉県佐倉市にある国立歴史民俗博物館は、日本の歴史、民俗学、考古学を総合的に研究し、展示しています。例えば、「考古学データと DNA 分析からみた弥生人の成立と展開」という報告もしています。

できているのに重さが違うもののことです。天然の炭素の同位体には炭素12、炭素13、炭素14の3種類が知られています。これらの違いは、12グラムぶんの炭素12とまったく同じ数の炭素14を集めたら、14グラムになると考えればいいです。※3

炭素12が約99％、炭素13が約1％という比率で、この2つは自然界に安定して存在していて（安定同位体）、他の元素に変わる（崩壊する）ことはありません。

そして、炭素14は、自然界の中の1兆分の1しかありません。この炭素14は、窒素14に宇宙線が当たることで作られる不安定な元素です。炭素14は放射性物質であり、ベータ線という放射線を出しながら、時間をかけて安定した窒素14に変わります。窒素は空気中に多いですよね。そして、窒素14に宇宙線が当たって炭素14が作られ続けているため、昔から炭素12、13、14は常に同じ割合で存在するのです。

さて、生物の体では、食物連鎖を通じて、食べものから炭素が取り込まれます。ですが、生体が死ぬと炭素が取り込まれなくなります。そして、生体は時間が経つと化石になります。

※3　物質の個数を表すのに「モル（mol）」という単位があります。例えば「鉛筆1ダス＝鉛筆12本」という感じで「1モル＝ 6.02214076 × $10^{23}$ 個」となり（アボガドロ数といいます）、元素はこの単位で数えられています。

このとき、化石（炭化物）の中の炭素12は他の元素に変化せずに存在しますが、炭素14は窒素14に変わり、5730年で半分に減ります。また5730年経つと、さらに半分になります。

つまり、化石に含まれる炭化物の中の「炭素12と炭素14の比」を測定すると、化石が古くなるほど、炭素12に対する炭素14が少なくなっていきます。[※4] さっき書いたように、炭素14はベータ線を放出するので、ベータ線の量を測定できれば、非常に微量な炭素14も測定できるのです。

**遺伝子って何？ DNAとかゲノムとか色々言われるけど、なんか分かりにくい！**

ごもっともなことです。遺伝子、あるいはゲノム、DNAという言葉があったりして、ちょっと混乱しますよね。

遺伝子は、英語で「GENE」です。そして、ラテン語（英語の影響元の言語）ですべて（whole part of …）を表す接尾語は、OME（オーム）です。GENE+OMEで、GENOME、つまりゲノムは、「遺伝子の

---

※4　炭素13も安定元素なので、もちろん炭素13と炭素14の比からも分かりますが、自然界で多い炭素12の方が正確に測定できます。

すべて」という意味なのです。

ここで、コンピュータの話をしましょう。コンピュータには、ディスクにデジタル信号として、０と1のかたちで情報が書き込まれています。例えば、

「111001101001011110100101111001101001110010101100111
0100001010101010100111110」

という感じです。

さて、私たちの遺伝情報、つまりいろんな遺伝子の設計図は「ゲノムＤＮＡ」に書き込まれています。

ゲノムに書き込まれている情報は、コンピュータのディスクにデジタル信号として書き込まれている情報と同じだと思ってください。コンピュータでは0と1でしたが、ＤＮＡはＡ・Ｃ・Ｇ・Ｔの４種類の要素（塩基）で書かれています。例えば、

「AAACCCGGGTTTCAATTAGGTTTGCCA」

このような感じで書かれているのです。そして、これらが鎖のように長く連結して、1つのタンパク質を作ります。

私たちヒトの細胞内の核は、およそ2万のタンパク質の中に、およそ30億対の2本鎖DNAの設計図情報をコードしているのです。「対」と書いたのは、2本の鎖でできているからです。さらに、細胞内のミトコンドリアにはおよそ1万6500対の2本鎖DNAの情報がコードされています。

先ほどご説明したコンピュータに書き込まれた0と1の配列は、そのままでは読めないので、文章にしないといけません。

そのために暗号を、①情報を読み取るリーダー（読み取り機）と、暗号処理装置で読み取った後、②それを実際のものに復元する必要がありますよね。このような復元のことを「デコード」といいます。また、コンピュータではハードディスクにあるすべての情報を読み取るわけではなく、必要な一部の情報だけを読み込みます。遺伝子でも同じで、一部の情報を読み取り、復元します。

遺伝子においては、①で読み取る情報をもっているのがメッセンジャーRNAです。「mRNA」と略して覚えておいてください。

「111001101001011110100101111001101001110010101100111010001010101010011110」

さて、この1と0で表された文字列を「UTF-8」という国際規格の「暗号表」を用いてデコードすると、例えば上の「111001101001011110100101」は「日」を表し、全部で「日本語」という漢字になります。このデコードには「UTF-8」を使いましたが、コンピュータの場合、「Shift JIS」という日本の規格、さらに「UTF-16」などの色々な国際規格があり、「暗号表」が合わないと文字化けします。例えば、この配列を「Shift JIS」の規格で読み込むと、「譌・譛ｬ隱」というようによく分からない文字になってしまいます。

一方、遺伝子において、情報をもっているmRNAの配列を解読するための表は「コドン表」です。わずかな違いはありますが、どの生物でも基本的にコドン表は同じです。

「AAACCCGGGTTTCAATTAGGTTTGCCA」

この4種類は3つずつに分けて読まれ、20種類のアミノ酸と、「ここで終わり」という区切りを示す終止コドンをコードしていて、そこに生物を作るための設計図情報があります。[※5]

例えば、右をコドン表で解読すると、一番上の「AAA」は「リシン」というアミノ酸、「CCC」は「プロリン」というアミノ酸、「GGG」は「グリシン」というアミノ酸……となります。

このデコードをするのがトランスファーRNA、略して「tRNA」です。そして、読み取った情報から、細胞の中のリボゾームという部分で、タンパク質を3Dプリンターのように合成して復元します(リボゾームには「リボゾームRNA」、略して「rRNA」がアミノ酸合成機の本体として存在しています)。

※5　3つで1つのアミノ酸なので、4×4×4＝64通りの暗号で20種類のアミノ酸と終止コドンをコードしています。はじまり（開始コドン）はATG（メチオニン）からです。

## 「どの生物でも基本的にコドン表は同じ」ってことは、そこからさかのぼったら、生命の起源は１つになるということなの？

生命の起源は1回きりだったということでもあります。

あなたの先祖をたどっていくと、きっと、あなたの家で飼っている猫と共通の祖先がみつかるでしょう。さらに太古の時代までさかのぼると、ゴキブリとあなたの祖先は同じということでもあります。ショック！って思うかもしれませんね。

最初の生命は、突然現れたのでしょうか？　多分違うでしょう。地球が誕生し、化学反応がいろんなところで起こって、その中で次第に恒常的な化学反応が持続していって、生命の形に進化していったのかもしれません。そして、その中で、遺伝をうまくできる生命が他の化学反応体を駆逐して、広がっていったのかもしれません。

ですが、このあたりのことは、まだまだ分かっていません。

**遺伝子からは、どれくらい情報が分かるの？この本の目次には「明治時代」はないけど、逆にどれくらい新しい情報だと分からないの？**

「DNA鑑定」という言葉を聞いたことがあるでしょう。警察の捜査などでも用いられている、DNAによって個人を識別する方法です。

DNAの中には、体の特徴や病気に関する情報を除いた領域で、個人によって違う繰り返し配列がみられる領域があります。その繰り返し配列がある15カ所を使って繰り返しの回数を調べると、日本人で最も出現頻度が高いDNA型の組み合わせの場合で、約4兆7千億人に1人という確率で個人を識別できます。その繰り返しパターンは両親由来なので、親子関係なども推定できます（STR型検査法［2006年版］といいます）。

つまり、ゲノム全体を解析しなくても、新しい情報ならば、個人レベルでの関係を推定できます。ましてやゲノムを解析できさえすれば、非常に多くの情報を得ることができます。

しかし、残念ながら古代骨からＤＮＡを抽出するには、多くの困難があります。

現在の技術では、永久凍土で保存されているなどで条件がよければ、10万年前くらいの古代骨の核ゲノムの配列を決めることができます。しかし、日本のように火山地帯で酸性が強い場所では骨が溶けてなくなってしまうので、1万年以上前の古代骨の解析はなかなか困難です。

一方、ミトコンドリアは細胞にある小器官で、1細胞あたり１００～２０００個のゲノムが含まれています。つまり、核ゲノムの５０～１０００倍のコピーがあります。また、情報量は核ゲノムよりも少ないですが、進化速度は核ゲノムの10倍程度あります（次の項目でもお話しします）。

ノーベル賞を獲得したスバンテ・ペーボ博士は、スペイン北部で発見された40万年前の人の化石からミトコンドリアゲノムを決定しています。永久凍土でないところでこれほど古い古代骨の配列を決めたのは本当に驚くべきことです。ノーベル賞に匹敵する功績のすごさ、納得していただけたでしょうか！　なお、ペーボ博士の偉業は第2章で詳しく取り上げます。

ちなみに、この本で扱う歴史に比較的最近のできごと（明治時代など）がないのは、人口の比率が関係しています。

例えば今にくらべて人口が少なかった古墳時代では、日本の外の土地からやってきた人が人口の10％を占めていました。その場合、混血によって遺伝子に変化が大きく起こります。

しかし、それからどんどん人口が増えた今、たくさんいる日本人に対して、混血（外国人と結婚）した人の割合は低くなり、昔にくらべると遺伝子の変化がわずかになっているのです。

**さっき話していた、ミトコンドリアの遺伝から分かることと、核ゲノムの遺伝から分かることは、どう違うの？**

端的に言うと、Ｙ染色体（核ゲノム）の遺伝は男系遺伝、ミトコンドリアの遺伝は母系遺伝です。

受精のとき、精子が卵子にくっつきます。このとき、精子の核ゲノムが卵子に送り込まれます。

ヒトの核の染色体は23対（46本）あり、父親と母親それぞれから、半分ずつやってきます。つまりこの受精で、半数の23本は母親から、もう半数の23本は父親から、ＤＮＡを受け継ぎます。

23番目の対は「性染色体」と呼ばれ、ヒトの性別を決定する染色体です。Ｘ型とＹ型の２種類があり、組み合わせがＸＸなら生まれてくる子は女性、ＸＹなら男性になります。

性染色体は、母親（女性：ＸＸ）からＸ、父親（男性：ＸＹ）からＸまたはＹを受け継ぎます。このとき、Ｙ染色体は男性にしかないので、父親から息子へ、男性から男性の間でのみ受け継がれます（男系遺伝）。これがＹ染色体の遺伝です。

また、精子が卵子にくっついたとき、精子の核遺伝子「のみ」が卵子に移りますす（授精するとき、精子のミトコンドリアゲノムは卵子に入り込むことはなく、死滅します）。つまり、ミトコンドリアは母親の卵子の情報をすべて受け継いでいるので、私たちの体にあるミトコンドリアはすべて母親が由来、母系遺伝なのです。このことはこれからの章でも重要になるので、頭に入れておいてください。

**「RNA」って言葉は、新型コロナウイルスが流行したときに聞きました。遺伝子と新型コロナウイルスって関係あるの？**

新型コロナウイルスもゲノムをもっていますが、「DNA」ではなく「RNA」です。なので、新型コロナウイルスは「RNAウイルス」といい、インフルエンザウイルスもその仲間です。

先ほど、ヒトのmRNA、tRNA、rRNAの話をしました。DNAは「設計図」に特化したものですが、RNAは色々な立体構造をとることができ、化学反応の触媒になります。[※6]

※6　タンパク質にはかないませんが、同じようなはたらきができるので、生命の最初はRNAワールドだったという仮説が有力視されています。免疫不全を起こす恐ろしい病気、「エイズ」の原因のHIVウイルスは、RNAウイルスでありながら「逆転写酵素」によってDNAにもなれるレトロウイルスの仲間です。逆転写されたDNAはゲノムの中にも入り込めます。ここから、レトロウイルスはRNAワールドからDNAワールドへの移行を示す化石であるとも考えられています。

よく耳にする「ＲＮＡワクチン」は、新型コロナウイルスの遺伝情報をもったｍＲＮＡを人に注射するものです。それを人の体内のｔＲＮＡが翻訳し、ｒＲＮＡがウイルスのタンパク質を作り、そこでできた新型コロナウイルスのタンパク質に対して免疫反応が起こり、人の体内で新型コロナウイルスに対する免疫ができるのです。

新型コロナウイルスも生命の起源は私たちと同じで、だからこそ同じ「遺伝暗号」をウイルスの中のＲＮＡゲノムに書き込んでいます。そして、それを応用したのが新しい「（ｍ）ＲＮＡワクチン」なのです。

コラム

## 新型コロナウイルス患者が多い国と少ない国があるのはなぜ？

ノーベル賞を受賞した山中伸弥博士が、日本人には新型コロナウイルスに抵抗をもつ「ファクターＸ」があるのではないかと話して、話題になったことがあります。

新型コロナウイルス感染症は2023年5月8日に5類感染症に移行しましたが、それ以前のデータでは、感染者10万人あたりアメリカでは1083人が亡くなり、日本では219人でした。欧米とくらべ、日本人はコロナウイルスに対して抵抗できる因子（「ファクターX」）として「HLA・A24」という「ヒト白血球抗原」をもっているからではないかと考えられています。[※7]

免疫とは、がんなどの病気やウイルスなどによる感染症を防御するために体に備わったシステムのことです。そして、この免疫には「自然免疫」と「獲得免疫」があります。

自然免疫は何かに感染した初期にはたらく免疫で、病原体のパターンを認識し、ウイルスに抵抗する作用(抗ウイルス作用)をもつ物質を出します。

獲得免疫は脊椎動物だけがもつ免疫で、様々な病原体に対しオーダーメイドで個別に作られます。獲得免疫はさらに、ウイルスを認識してそのウイルスに特異的な抗体を作る「液性免疫」と、感染した細胞を直接殺す「細胞性免疫」の2つに分けられます。感染そのものを抑えることはできませんが、感染細胞が広がり、重篤化することを抑えることができるのです。

※7　HLAは、人のMHC（主要組織適合性複合体）のことで、人において臓器を移植するときに、同じHLAをもっていない人だと異物として拒否されることで有名です。免疫において細胞性免疫を担っています。

しかし初感染の場合、免疫がはたらくまでに10日くらいかかります。

新型コロナウイルスは、キクガシラコウモリというコウモリが自然での宿主です。コウモリは常に自然免疫が高く、ジメジメした洞窟に住んでも夜に活動しても簡単には病気になりません。そんなコウモリの体で生き抜くコロナウイルスは、免疫を抑えてしまう色々なタンパク質をもちます。新型コロナウイルス感染症の流行が始まったときに、その症状が非常に重篤だったのは、人の体で自然免疫も獲得免疫もはたらかなかったからです。

一方、時間が経って、新型コロナウイルスが変異して「オミクロン型」になったとき、自然免疫がはたらくようになりました。※8 潜伏期間が短くなり、症状が出るようになり、その結果、重篤な肺炎は起こらなくなりました。

話を戻すと、「HLA－A24」をもっている人はコロナウイルスに対して細胞性免疫がはたらくと考えられています。つまり、この遺伝子をもっていると、感染した細胞のコロナウイルスのタンパク質をHLA－A24が認識し、その細胞を殺すことができます。

※8　インターフェロンの分泌を妨害するタンパク質（ORF9b）が壊れたためです。

日本人の57・9％がこの遺伝子をもっているのに対し、例えばイギリス人は12・0％しかもっていません。ここから、ＨＬＡ‐Ａ24をもっている人が多い日本では、感染しても死に至るような重篤な症状になる人が比較的に少なかったとも考えられます。

# 第2章

# 旧石器時代

## 遺伝子から人類のルーツをたどる

# 洞窟から人類のルーツをたどって

## 滅びかけた人類

2009年8月に発見された島根県の砂原《すなばら》遺跡は、12〜11万年前の旧石器時代の遺跡です。さらに、1984年にみつかった岩手県の金取《かねどり》遺跡は9〜8万年前のものです。ですが、日本列島の土壌は酸性なので、この時代の古い骨は溶けてしまい、残っていません。

ところで、現代人の祖先は「クロマニヨン人」といわれ、12万3千年前に氷期になって食料が乏しくなり、この時代に子孫を残せた人口が千人以下になり、絶滅寸前だったとされていました。これは、集団遺伝学者によるボトルネック効果からの推定です。[※1][※2] 人の遺伝子から系統樹（系統樹については、後でご説明します）を描いてみても、このころ1つになります。アフリカの新人はすべてこの人口が千人以下になった人々の子孫であり、おそらく他の人類（新人）はこの氷期で滅びたと考えられます。

※1　例えば10万人の人口が急に1000人になり、その後回復しても、10万人がもっていた遺伝子の99%は失われ、本来あったと推定される多様性が失われます。遺伝子上では急激な人口減少が起こった後に多様性が現れ、あたかもくびれたビン（ボトルネック）のように回復します。これを「ボトルネック効果」と呼びます。

東アフリカで現生人類を研究していたカーティス・マレアン博士は、1990年代にこの「氷期に一度人口が千人以下になった」という推定を知りました。

そして「人類が絶滅しかけたことがあるなら、19万5千年～12万3千年前までの氷期[※3]が原因だ」と考えました。そして、きっとこの長い氷期を人が生き残ったとしたら、大西洋とインド洋の海流が混じり合い、豊富な漁場だった南アフリカだろうと考え、この時期の遺跡を南アフリカで徹底的に探し始めたのです。

そして1999年、マレアン博士とピーター・ニルセン博士は南アフリカの「ピナクルポイント」と呼ばれる場所を調査することにしました。切り立った崖を滑り降りると、洞窟が目に入りました。まさに、ビンゴ！約16万4千年～3万5千年前まで、つまり、ボトルネックが予測される時期から人口が回復するまで、この洞窟に住んでいた人々が行っていた活動の驚くべき記録が残っていたのです。

さて、ここで不思議に思った方もいるでしょう。

砂原遺跡の人類の痕跡は「そんなに古いはずがない」という疑問から再

---

※2　ボトルネック効果からは、種が絶滅に瀕した時期のおよその世代数を予測できますが、誤差は大きくなります。例えば、1世代を15年と考えるか30年と考えるかで倍の違いが出ます。

※3　「海洋酸素同位体ステージ6（リス氷期末期）」と呼ばれます。

調査しても、やっぱり12～11万年前のものです。

……12万3千年前に絶滅しかけた南アフリカの新人が、島根県にそんなにすぐにやってくるなんてことはありませんよね？　どういうことなんでしょうか？

## 旧人は旧人にあらず

さて、少し話が変わります。

「ネアンデルタール人」をご存知ですか？　授業で「旧人」と習った人も多いかもしれません。かつてユーラシア大陸に暮らしていた人類の近縁種で、すでに絶滅したとされていました。

しかし、2010年の『Science』誌に、「現代人のゲノムの中に、ネアンデルタール人のゲノム配列が決められた」という論文が発表されました。

これは、マックス・プランク進化人類学研究所のスバンテ・ペーボ博士たちによる偉業です（博士は2022年にノーベル生理学・医学賞を受賞しています）。スティーヴン・スピルバーグ監督の『ジュラシック・パーク』

※4　古代骨の表層を削り落として行いますが、古代骨に触れた現代人のDNAまで増幅する可能性があります。古代人のDNAだけを増幅するために手袋をするのはもちろん、微生物が入り込まない「クリーンルーム」という部屋の、DNAが入り込まない「クリーンベンチ」という実験台で遺伝子を増幅し、厳密な管理のもとで配列を決定します。

は、琥珀《こはく》の中の蚊に残された恐竜の血液から遺伝子を解析し、恐竜を作り出す物語でしたが、ペーボ博士たちは古代骨から遺伝子を抽出できないか、20年も格闘していたのです。※4

古代骨のDNA配列を決めるのは非常にたいへんです。死んだ生物のDNAのほとんどは速やかに消滅しますし、微生物などが増殖して古代人以外のDNAもいっぱい含まれています。そこに残ったわずかなDNAを増幅しないと決められません。ここでは、新型コロナウイルスの診断でおなじみになった「PCR法」という方法を用いて、非常に少ないDNAを増幅しました。

最初にご説明したとおり、ネアンデルタール人は「旧人」と言われ、私たちとは違う絶滅した「種」とされていました。※5

ヒトの祖先が分かれ、ヨーロッパで進化したのがネアンデルタール人、アフリカで進化したのがホモ・サピエンス（私たちの祖先）でした。ホモ・サピエンスがアフリカを出て、5万〜4万年前にヨーロッパでネアンデルタール人とクロマニヨン人（新人、ホモ・サピエンスと同属の私たちの祖先）が出会い、クロマニヨン人の方が種として優れていたので、ネアンデ

※5　交雑して子孫を産めるだけでは同じ「種」ではありません。例えばレオポンは、ヒョウの父親とライオンの母親から生まれた雑種です。幼いときから両親を一緒に育ててはじめて交雑できますが、レオポンはその代限りで、子どもを残せません。これは、「種」にはなりません。交雑でき、かつ子孫にその遺伝子を残せると、同じ「種」になります。

ルタール人は淘汰されて、絶滅したというのが定説だったのです。

しかし、現代人のゲノム配列の中にネアンデルタール人のゲノム配列があるということは、ネアンデルタール人とホモ・サピエンスの間で生まれた子の子孫の遺伝子が私たちの体の中にあるということです。※6

つまり、ネアンデルタール人も、私たちと同じ「種」ということです。アフリカを出た人々は、ネアンデルタール人と混血したということになり、衝撃が走りました。

ポーランドの自然史博物館では、ネアンデルタール人を「ホモ・サピエンス・ネアンデルタレンシス」、つまり私たち（ホモ・サピエンス）の亜種として紹介しています。

## ネアンデルタール人は色白

図2-1はチューリッヒ大学のマルシア・ポンセ・デ・レオン氏とクリストフ・ゾリコッファー博士が作成したネアンデルタール人の子どもの想像図です。遺跡の骨だけではネアンデルタール人がどのような姿をしてい

---

※6　ネアンデルタール人のゲノムをアフリカ人、ヨーロッパ人、アジア人とくらべると、ネアンデルタール人とヨーロッパ人、ネアンデルタール人とアジア人の距離はほとんど同じなのに、アフリカ人だけ遠いことが分かりました。ヨーロッパ人・アジア人はネアンデルタール人の遺伝子を２～４％受け継いでいるとされています。

たかは分かりませんが、ゲノム解析ができると、色白かどうかや赤毛・青目などであるかなどを遺伝子データから推定できるのです。そして遺伝子から「ネアンデルタール人は色白になる」という詳細な解析結果が出てきました。

さらに、モンゴルの国境に近いロシアのデニソワ洞窟では、30万年くらい前から人の活動があったと考えられています。

ペーボ博士たちは、そこでみつかった小指の骨と親知らずの歯の遺伝子配列を決めたところ、それがネアンデルタール人ともかなり違う「旧人」の、デニソワ人のものであることが分かりました。現在のところデニソワ洞窟からしかみつかっていませんが、どうもアジアには、ネアンデルタール人ではない「旧人」が住んでいたようです。

そしてこのデニソワ人が、ネアンデルター

図 2-1：ジブラルタル遺跡から復元されたネアンデルタール人の子どもの想像図
Computer-assisted reconstruction of the Gibraltar Neanderthal child; M. Ponce de León and Ch. Zollikofer, University of Zurich

ル人よりもさらに昔に現代人の祖先と分かれたらしいことも分かってきました。しかも、このデニソワ人の遺伝子を、現在のオーストラリアのアボリジニやパプアニューギニアのパプア人が4%、フィリピンのアエタ族は5%もっていることも解明されました。

図2－2は、マーヤン・ハレル氏が製作したゲノム配列から想像されるデニソワ人です。確かにアジアの、ポリネシアの人たちのような肌色です。

現在、デニソワ人やネアンデルタール人のゲノムから様々なことが解析

図 2-2：ゲノム配列によるデニソワ人の想像図
Artwork by Maayan Harel
この画像はエルサレム・ヘブライ大学の Carmel Lab に対して、コンピューターモデルや AI を使用せず、サイエンス・イラストレーター自身が研究者との協力の上で製作したもの。

されています。例えば、ネアンデルタール人から受け継いだ遺伝子によって糖尿病にかかりやすくなる可能性などが報告されています。

しかし、デニソワ人のゲノム解析はネアンデルタール人のように多様な地域で進んでいるわけではなく、まだまだ未知な領域が大きくあります。さらに、デニソワ人とネアンデルタール人の混血もみつかっており、単純にはいえません。現在、ネアンデルタール人由来と思われている遺伝子にも、デニソワ人由来のものがあるかもしれません。

## デニソワ洞窟をミトコンドリアゲノムから探る

図2-3は、ミトコンドリアゲノムで描いた現代人、ネアンデルタール人、デニソワ人、ハイデルベルク人の系統樹です。

系統樹とは、生物の種族の進化や、種族の間の類縁関係を示した図のことで、距離が近いほど近縁の種ということになります。

この中の「ハイデルベルク人」は、40万年前のスペイン北部の古代骨からペーボ博士たちによって決められた、ミトコンドリアゲノムの配列で描

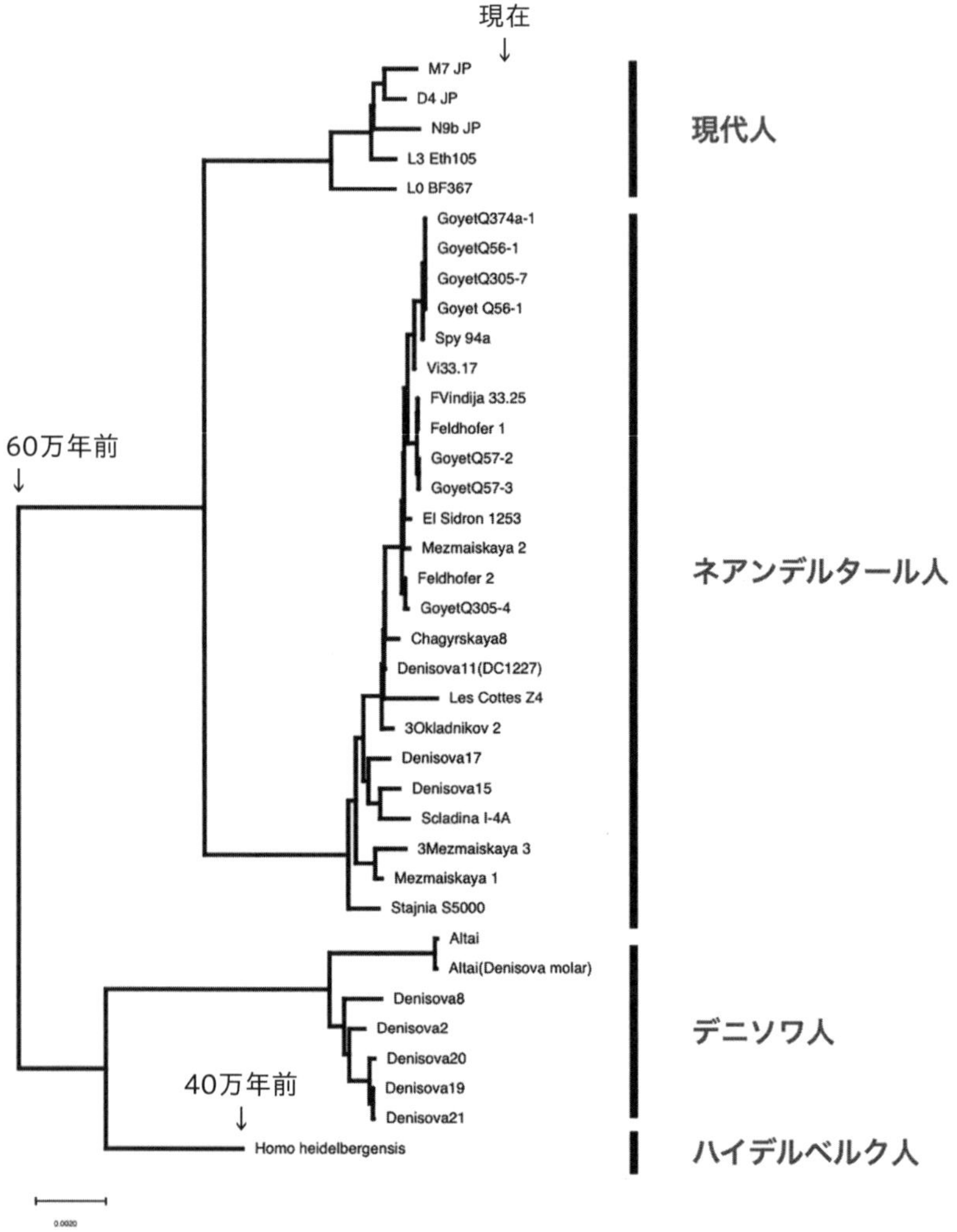


図 2-3：ミトコンドリアゲノムで描いた
現代人・ネアンデルタール人・デニソワ人・ハイデルベルク人の系統樹
（筆者作成）

いたものです（第1章でご説明したものです）。ハイデルベルク人は60万年前にユーラシア大陸にいた「原人」といわれていますが、頭の大きさや体格などは現代人と変わりません。脳は現代人と同じかむしろ大きいくらいです。

デニソワ人は、どちらかというとハイデルベルク人に近い種ですね。現代人とネアンデルタール人が近いということも分かっていただけると思います。

この系統樹をみると、60万年くらい前にユーラシア大陸で暮らしていたハイデルベルク人からデニソワ人が進化し、ネアンデルタール人はおそらく40万年ほど前にアフリカを出て、ヨーロッパを中心にユーラシア大陸で繁栄していたのかもしれません。

図2－3のネアンデルタール人の部分を拡大したのが図2－4ですが、ここにDenisova11（DC1227）というものがあります。これは先ほどご説明した、デニソワ洞窟でペーボ博士たちが解析した骨片のDNAです。骨片は約9万年前のもので、幅5ミリメートル、長さ2センチメートルほどでした。

抽出されたDNAからは、核ゲノム配列とミトコンドリアゲノムの配列

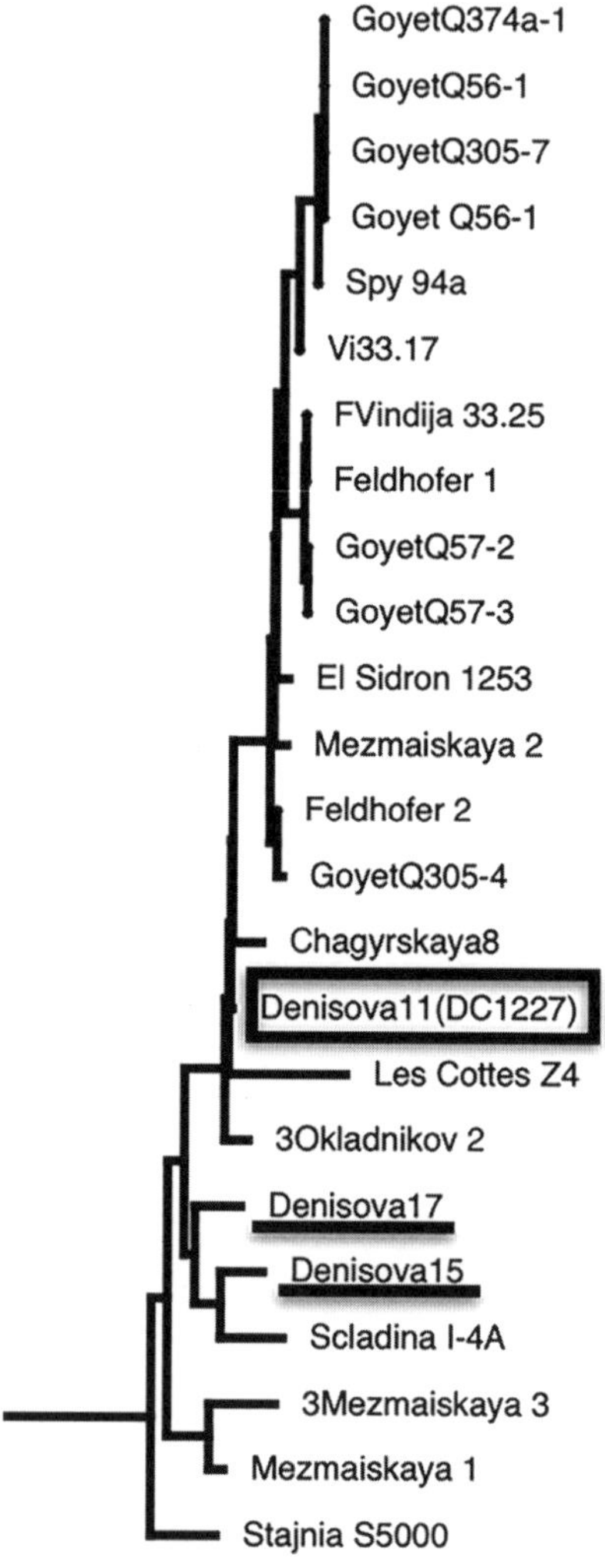

図 2-4：図 2-3 の拡大図

が決められました。第1章でご説明しましたが、核ゲノム配列は父親由来(男系遺伝)、ミトコンドリアゲノムの配列は母親由来(母系遺伝)でしたね。

図2－3はミトコンドリアゲノムで描いたものですので、Denisova11のミトコンドリアはネアンデルタール人由来、つまり母親はネアンデルタール人です。

一方、Denisova11の核ゲノムを解析したところ、38・6％がネアンデルタール人、42・3％がデニソワ人由来だということが分かりました。つまり、この骨は女性（XX）であり、そのうちの男系遺伝がデニソワ人由来だったので、父親がデニソワ人、母親がネアンデルタール人のハーフの女の子だったということです。10代の少女であったと推定され、「デニー」と名付けられています。

デニソワ人とネアンデルタール人は対立するのではなく、お互いに助け合って、結婚もしていたことが、この少女「デニー」のゲノム配列によって証明されたのです。アフリカを出た人々の人口比が圧倒的に多かったので、私は、ネアンデルタール人もデニソワ人も現代人の祖先に吸収されていったと考えています。[※7]

## ネアンデルタール人とデニソワ人

デニソワ洞窟では、最初の25〜17万年前の層からデニソワ人の骨片と石器が出土し、デニソワ人の活動のみがみられています。しかし、16〜6万年前の層ではネアンデルタール人とデニソワ人が交互に暮らしたり、一緒

※7　ちなみに、デニソワ洞窟で発見されたDenisova15やDenisova17というネアンデルタール人のミトコンドリアの配列も決まっていますが**（図2-4）**、核ゲノム配列は決まっていません。

に暮らしたりしていた時期もあったと分かっています。少なくとも争った形跡はみつかっていません。
16万年前ごろからネアンデルタール人もこの洞窟で生活していたということは、ネアンデルタール人もこの時期に大陸を東に進んでいたのでしょう。おそらく、マンモスなどの大型動物を狙っての狩猟が目的だったのだと思います。
日本人はどちらかというとアジア人の中では色白です。もちろん混血が進んでいますが、ポリネシアの人たちよりもデニソワ人の遺伝子は受け継いでおらず、ネアンデルタール人の遺伝子を受け継いでいると考えられます。[※8]
つまり、砂原遺跡でみつかったのは「旧人」と呼ばれていた人たちでしょう。デニソワ人とネアンデルタール人が混血した人々が東の地にたどりつき、日本列島に渡ってきて、その人々が旧石器時代の砂原遺跡などで生きていたのかもしれません。

※8　日本人にもネアンデルタール人のゲノム配列があるようです。ただし、ヒトとチンパンジーですら98.8%の相同性があるので、ましてやデニソワ人とネアンデルタール人、新人は非常に似ています。ネアンデルタール人由来と思っていたらデニソワ人由来……ということもあるかもしれません。

第3章

# 岩宿時代

## 日本に渡った人類

# 世界で最も早い磨製石器時代

## 2万5千年ほど早い磨製石器の使用

磨製石器は非常に高度な石器です。そのため、かつて歴史は打製石器と磨製石器によって区分されていました。つまり、打製石器が用いられた時代を旧石器時代、磨製石器が用いられた時代を新石器時代としていたのです。

世界では、磨製石器はヨーロッパ・西アジア・北アフリカ（いわゆる旧世界）で紀元前8500年前から、そしてトルコ・シリア・レバノン・イスラエル・エジプトを含むレバント地域で紀元前1万1千年前から、中国では紀元前8千年前（長江文明）から使われたとされています。

日本では、例えば12～11万年前のものとされる島根県の砂原遺跡では打製石器が用いられていました。一方、長野県の貫ノ木《かんのき》遺跡、熊本県の石の本遺跡からは3万8千年前の磨製石器がみつかっています。そして、磨製

---

※1　後期旧石器時代の遺跡は特に関東・甲信と九州に集中している他、北海道・北陸でも多くみつかっており、2010 年の日本旧石器学会のデータベースには 10,150 カ所が登録されています。

※2　白人の研究者の、無意識の「人類の最高の進化産物は白人だ」という差別から、黄色人種の日本人が太古に優れた文化をもっていたことが許せないという意識もあったのかもしれません。

石器は3万5千年以前の後期旧石器時代初頭のものだけでも、北海道～種子島に至るまで、国内81カ所で報告されています。[※1] ちなみに、この時代の遺跡で最初に発見されたのは群馬県の岩宿遺跡で、発見者は相沢忠洋《あいざわただひろ》氏です。

世界的にみても、2万5千年ほど早く磨製石器が使われていたといえます。このような事実は世界的にも大きなインパクトがあり、「日本は3万8千年前から新石器時代ということになるので困る」となりました。[※2] このような経緯で、「完新世で磨製石器がみつかったとき」という風に新石器時代の定義が変わりました。[※3]

これは、「原人」や「旧人」が出現した約258万年前～1万年前は「更新世（Pleistocene）」で、現人類（「新人」）の文明が始まったそれより後が「完新世（Holocene）」で、「1万年より古い時代は新石器時代ではない」ということです。[※4] つまり、日本ではもっと前に磨製石器がみつかっているのに、完新世ではなかったから、定義上は「旧石器時代」というなんだかへんてこな定義になってしまったのです。

---

※3　現在では「ヨーロッパ・西アジア・中国などで農耕や牧畜などの食料生産を開始した時代」とすることもあります。

※4　昔は、といっても筆者が学んだころもそうですが、もともとの区分として「洪積世」や「沖積世」という言葉が使われたこともありました。洪積世は旧約聖書の大洪水（「ノアの方舟」）が語源です。

## 岩宿時代とは

ということで、世界の定義では、岩宿遺跡の時代を「旧石器時代」と呼ばなければならなくなりました。しかし、これでは打製石器が用いられた砂原遺跡の時代と区別できません。[※5] そのため、最近は今から3万8千年前〜縄文時代が始まる1万6千年前を「岩宿時代」と呼ぶようになりました。これは非常に高い技術力をもった文明といえます。

岩宿時代が繁栄した理由として、当時の日本に大型動物がいたことが大きいでしょう。当時、ナウマンゾウはおそらく大陸では狩猟によって滅びました。日本列島でも、本州と北海道にしかいなくなりました。マンモスも東へと追いやられたと思われます。非常に寒い氷期に動物性タンパク質を得られることは非常に重要だったのです。

そしてもう1つ大切なのは、日本列島に北米プレート、太平洋プレート、フィリピン海プレート、ユーラシアプレートがひしめき合っていたことです。そこからは非常に鋭く切れる石を豊富に取り出せます。特に、黒曜石はとても鋭いナイフになるので、ナウマンゾウの皮を切り裂くのにも必要

※5　縄文「土器」時代以前ということで「先土器時代」という言葉が使われることもあります。砂原遺跡も「先土器時代」です。

だったでしょう。

岩宿時代にはこのような環境で採れた黒曜石などを使って細石器（刃をすぐに交換できるカミソリのようなもの）が作られ、槍の先が簡単に交換できるようになりました。非常に便利なので、この細石器が広まっていきました。

## 黒曜石はどこから

火山から産出される火山岩の中で、ガラスの主成分である二酸化ケイ素（$SiO_2$）を70％以上含むものを「流紋岩《りゅうもんがん》」と呼び、黒曜石はその仲間です。そのため、黒曜「石」と呼ぶものの、これは天然の火山ガラスです。

現在でも良質の黒曜石を産出する場所として、日本では北海道（白滝、置戸《おけと》、十勝）、本州中央部・伊豆諸島（和田峠・霧ヶ峰［長野県］、柏峠［静岡県］、箱根［神奈川県］、神津島《こうづしま》・恩馳島《おんばせじま》［東京都］：図３－１）、九州（腰岳［佐賀県］、姫島［大分県］）などの80カ所程度が知られています。

しかしこのような黒曜石は、どこにでも産出するものではありません。日本列島が火山列島だからこそみつかるのです。

さて、1つ不思議な話があります。

先ほどご説明した、約3万5千年前の岩宿遺跡では、黒曜石の「槍先形尖頭器」がみつかりました。この黒曜石は神津島産です。同じように、能登半島でも神津島の黒曜石がみつかっています。

神津島は伊豆半島から50キロメートルも離れた場所にあります。当時は今より80メートルほど海面が低かったと推定されますが、それでもおそら

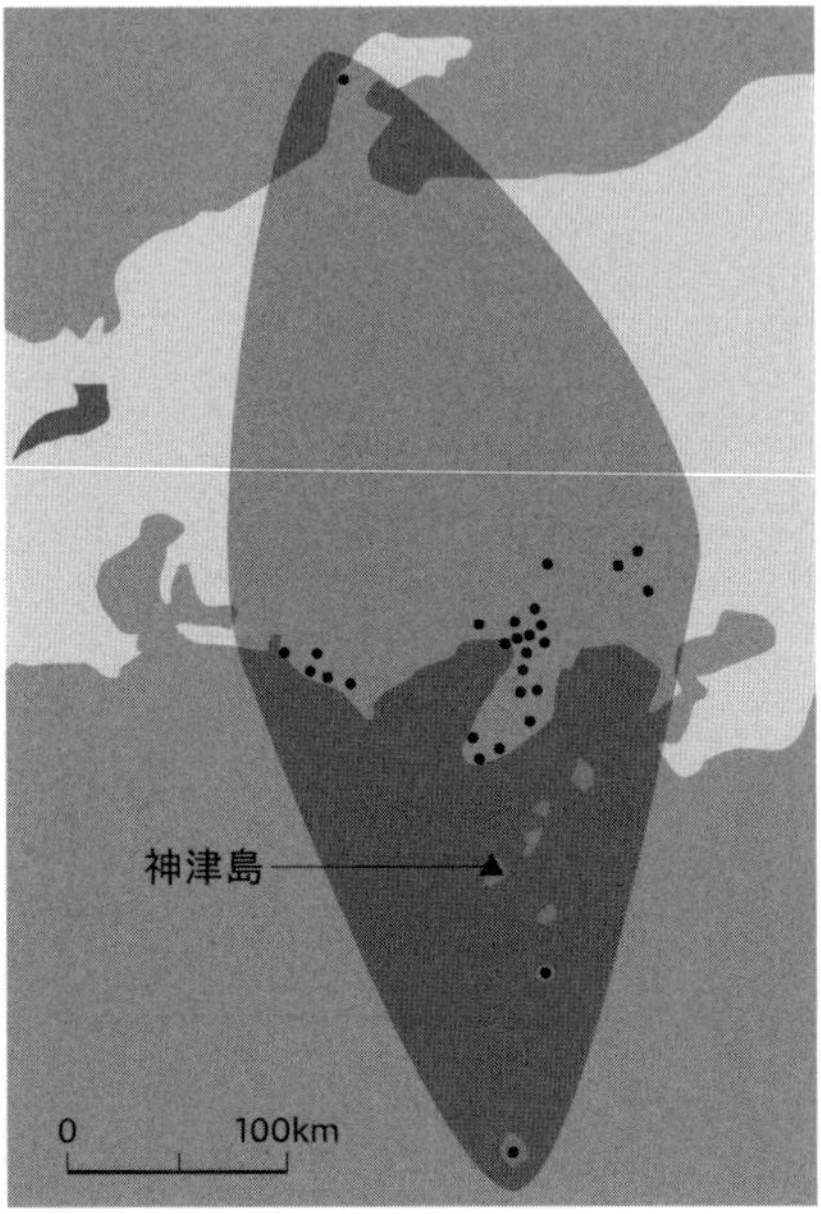


図3-1：神津島産の黒曜石の分布
森（1989）より引用・改変

く往復で少なくとも60キロメートル以上、しかも黒潮を越えて行かなければなりません。舟に乗っているとどこにあるのか多分見えないであろう神津島に正確に行けるというのは、すごい技術力です。

国立科学博物館は、クラウドファンディングで資金を集めて、台湾から与那国島まで丸木舟で航海する実験を行い、成功しました。黒潮に流されるので非常に困難で、乗組員全員が心を1つにしないとできない航海だったようです。現代の知識によって、台湾の高い山に登って与那国島の位置を確認し、潮の速さなどを緻密に計算しての航海ですから、最初に渡った人は相当たいへんだったと思われます。

しかし、かつての人々はなんで「命がけで神津島に渡ったら、黒曜石がある」と分かっていたのでしょうか？

私は、第2章でご説明した、12～11万年前から日本に住んでいたネアンデルタール人とデニソワ人のハーフの人々が、神津島に黒曜石があったことを教えたのだと思っています。

今からその考えについて、お話ししましょう。

## 火山列島が作り出した豊かな石器

さて、ここで、「ヤポネシア」という言葉を使います。ヤポネシアとは現在の日本の範囲である北海道～沖縄県のみならず、千島列島、樺太も含めた日本列島を示す言葉です[※6]（台湾は含まれません）。

かつての人々に国境の概念はなく、文化圏は北海道～沖縄県のみならず千島列島、樺太が含まれました。当時の樺太は大陸とも北海道とも陸でつながっています。その地域に1つのまとまりとして、優れた共通した文明があり、その中で交流があったのです（岩宿文明、あるいは岩宿文化）。本州と北海道の間の津軽海峡は海で隔てられていましたが、その間で交流があったことも分かっています。

さて、岩宿時代の話に戻りますが、岩宿時代の人骨は残っていません。第1章でもお話ししたとおり、日本のような火山国では酸性が強い土壌のため、骨が溶けてしまうのです。なので、縄文時代以前（岩宿時代）のゲノムや遺伝子データを解析することはできません。しかし、縄文時代の遺伝子データから岩宿時代のことを推測することは可能です。

※6　最近は、日本人類遺伝学会などでもこの言葉が使われています。

第2章でお話ししたデニソワ人の遺伝子は、現在はポリネシアやミクロネシアの人に最も高い比率で残っています。つまり、純粋なデニソワ人はアジア全体に住んでいたのでしょう。

一方、デニソワ洞窟から分かったように、16万年前ごろからネアンデルタール人が東に進み、デニソワ洞窟ではデニソワ人と混血していましたね。もちろん、デニソワ洞窟の1点だけではそう言い切れるか分からないでしょう。しかし、そのネアンデルタール人はマンモスやヘラジカなどの大型動物を追って東へ向かったと考えると、日本に渡ってきた人々はデニソワ人とネアンデルタール人の混血児の子孫と考えるのが合理的でしょう。

実際に第2章でも、ゲノム配列から想像されるデニソワ人とくらべると、日本人の肌の色はそこまで色が濃くならないことをご説明しました。アジアの地域の中でも特に日本人は肌の色が白く、ネアンデルタール人との混血が強いと考えられます。

日本人がデニソワ人とネアンデルタール人の遺伝子を受け継いでいるのは、もともと砂原遺跡にいた人々が混血した人々だったからではと想像しています。

おそらく先に日本に渡ったデニソワ人、あるいはデニソワ人とネアンデルタール人の混血した人々が、さらにネアンデルタール人と混血していったのではないでしょうか？ 日本では3万8千年前から急速に遺跡が増えていることから、人口比を考えて、そのころ大陸から渡ってきた人の方が圧倒的に多いでしょう。現在の日本人は、3～5％の範囲でデニソワ人、ネアンデルタール人の遺伝子を残しているだけです。

コラム

## 相沢忠洋の発見

相沢忠洋氏は父子家庭かつ貧乏で、東京市正徳尋常夜学校（戦前に存在した、働きながら学べる夜間学校）が最終学歴でしたが、古代遺跡への憧れを強くもっていました。戦争中は人間魚雷「回天」の特攻隊員として死を覚悟していましたが、終戦を迎え、納豆の行商をしながらようやく考古学に取り組むことになりました。

そして、その中で尖頭器を発見。明治大学に持ち込み、大学院生の芹沢長介氏が相沢氏の眼力と人間性を信じて受け入れましたが、新聞では「アマチュア考古学者が集めた石削の中に珍しい形のものがあることを、杉原荘介助教授が発見」と、助教授だった杉原氏の手柄のように報道されました。これに芹沢氏は激怒し、相沢氏を支えて「岩宿遺跡」の発見を相沢氏の成果として世間に受け入れさせます。

現在は考古学の発展もあり、縄文時代以前に「岩宿時代」と呼ぶべき時代があったことが受け入れられるようになっています。

# 日本人のミトコンドリアゲノムを探れ

## ミトコンドリアゲノム

第1章でご説明したとおり、ミトコンドリアゲノムには多くのサンプルを解析できるというメリットがあります。

科学技術の進歩に伴い、古代骨から核ゲノムの配列も決められるようになりましたが、比較的保存状態が悪くても感度よく決められるので、核ゲノムに先行してミトコンドリアゲノムの研究が進みました。

日本列島は酸性土で骨の保存状態があまりよくありませんから、現在、圧倒的にミトコンドリアゲノムを用いた研究が多く、縄文人の核ゲノム解析はミトコンドリアゲノム解析ほど進んでいません。

核ゲノムは将来の研究が楽しみな分野ですが、データが少ないので、まずはこのミトコンドリアゲノムで日本人の骨を調べたデータをみてみましょう。

## 日本列島に到達したのは

ここから、「ハプログループ」について解説します。ハプログループとは、遺伝子を調べて、似ているものをグループにしたものです。「N9b」、「M7a」という風に、住所のようにどんどん細かくなります。……頭のシャッターを閉じないでください！　例えば「N9bのハプログループ」というのは「N県9市b町」くらいに考えればいいのです。系統樹のそれぞれのグループに命名をしている、グループ名だと考えてください。

ややこしい言葉や数字が急に出てきましたが、図3-2をみてください。これは国立科学博物館の篠田謙一氏らによる研究で、日本の各地域の縄文人のミトコンドリアハプログループを示しています。

北海道縄文人のミトコンドリアハプログループはN9bが65%、M7aが8%です。東北縄文人はN9bまたはdが42%、M7aが38%です。関東縄文人はN9bまたはdが71%、N9dが23%。……ということは、N9が71＋23で94%ということですね。北陸縄文人はN9bが39%、M7a

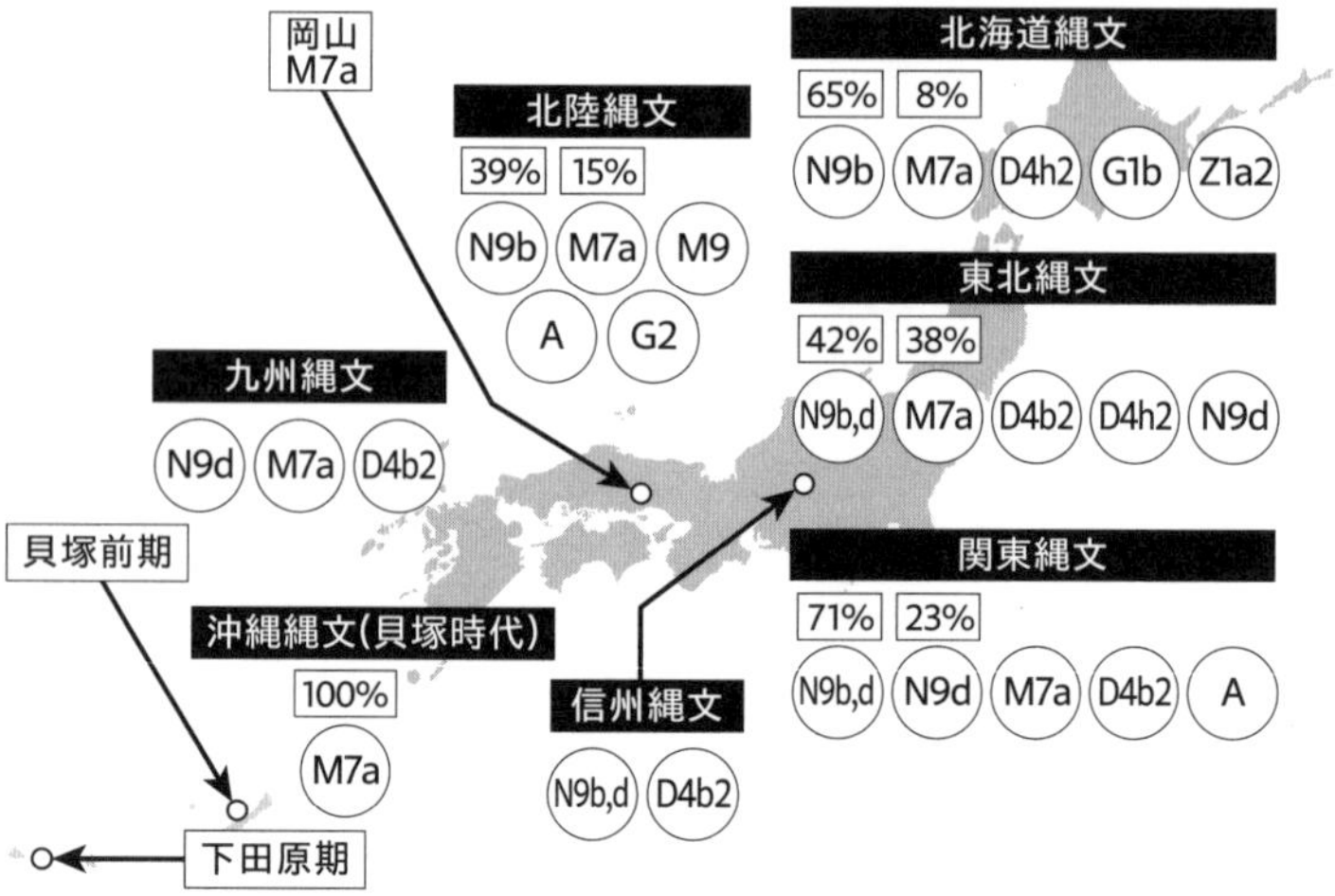


図 3-2：日本の各地域の縄文人のミトコンドリアハプログループ
篠田（2019）より引用・改変

が15%です。そして、沖縄縄文人はM７aが１００%です。

　この研究によると、N９dは1万6千年前にN９bと分かれ、現在は失われたハプログループとのことです。岩宿時代が始まった3万8千年前は同じハプログループだったと考えていいでしょう。つまり、これをみると、北はN９bのグループが多く、南はM７aが多いという結果が分かります。

　さて、最初にアフリカを

出た人が属していたミトコンドリアハプログループは、Ｌ３です。Ｍはそのｌ３が起源で、インドを通り、南回りでヤポネシアに来ました。日本の南側の縄文人から多数みつかったミトコンドリアハプログループは、これです。

一度、**口絵１**でＭ７というグループをみてみましょう。ａ、ｂ、ｃというサブグループがあり、Ｍ７ａは日本、Ｍ７ｂは大陸沿岸～中国南部、Ｍ７ｃはフィリピンやインドネシアに多くみられます。海を挟んでいることから、航海技術をもっていたグループだと分かります。

北回りをしたＮも、同じハプログループＬ３が起源です。これは、シベリアへマンモスを追いかけていったグループだと思われます。そのため、北になるほどＮ９ｂが多いです。Ｎ９のサブグループにはＹ、Ｎ９ａ、Ｎ９ｂがあります。Ｙは北東のシベリア沿海州の先住民に多いです。Ｎ９ａは中国南部や台湾に多く、Ｎ９ｂは日本固有のハプログループです。

４万４千年前に、マンモスが大陸から樺太経由で北海道に来ています。[※7]おそらく同じルートを追いかけながら、北海道経由でＮ９ｂの人々も日本

※７　ヤポネシアにおいて、現在の日本列島の本州～九州～四国は１つの島でした。北海道と樺太、樺太と大陸はつながっていたので、マンモスも北海道へやってきました。

に渡って、日本全体に広まったと考えられます。航海技術はもたず、しかしマンモスを追ってきたので大型動物の狩猟には長けているグループだと思われます。

まとめると、このM7aとN9bはかなり古くから日本に渡ってきた日本固有のハプログループだと分かります。

## 最初にアメリカ大陸を発見したのは

図3-2を見ると、北陸縄文人と沖縄縄文人を除いて「D4」というハプログループもみられました。

ハプログループDの起源はハプログループM、つまりこのグループも南回りで東アジアに広がってきたのです。

現代の日本人のミトコンドリアハプログループの割合もみてみましょう[※8]（図3-3）。ハプログループDの中でも、D4は現代の日本人に最も多く、3割がこのグループです。

※8　篠田氏らによると、日本人1000人以上のデータを調べて描かれ、現在日本人がもつほぼすべてのハプログループを網羅しているとされます。

ハプログループＤが南回りをしたＭから派生したということは、つまり航海技術をもっているので、朝鮮半島からのルートで日本に渡ってきたのでしょう。朝鮮半島は山岳地帯で、その付近の平野は黄河の河口なので、大陸から直接来たともいえます。

このグループが、ヤポネシア全体に広がりました。青森と北海道は海峡で隔てられていましたが、樺太と北海道がつながり、樺太と大陸がつながっているので、日本海はそれほど強い海流は流れておらず、言わば瀬戸内海のような穏やかな海だったでしょう。海流もないので、北海道まで簡単に渡れたと考えられます。

南方の沖縄から入ってきたＭ７ａと、大陸続きの樺太経由で北海道に入ってきたＮ９ｂ

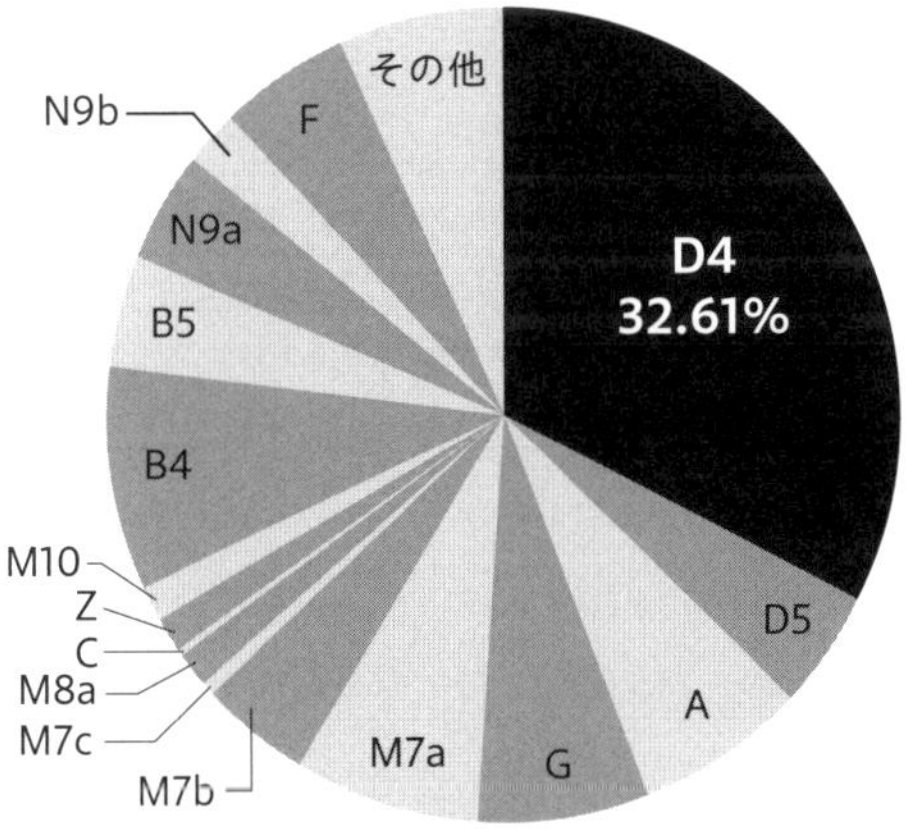


図 3-3：現代の日本人のミトコンドリアハプログループ
篠田（2019）より引用・改変

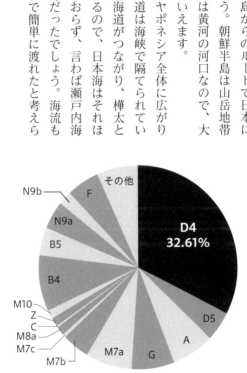

を結びつけたのが、この朝鮮半島経由で渡ってきたD４だったのではないでしょうか[※9]。

アジアに広がっているハプログループDですが、なんとその中のハプログループD１はアメリカ大陸（先住民）に多くみられます（口絵3）。

また、アメリカ最初のクローヴィス文化を作った人々のミトコンドリアハプログループはD４hです。現在、アメリカ大陸に最初に渡ったのは、このハプログループD４hかもしれないと考えられるようになってきました。

そして、非常に興味深いことに、このハプログループD４hはヤポネシアの人からもみつかっています。青森県の尻労《しつかり》安部《あべ》洞窟から発掘された縄文時代中期の人骨を解析した結果、ミトコンドリアDNAはハプログループD４h２でした。

アメリカ大陸とヤポネシアのつながりは他にもあります。相沢忠洋氏がみつけた「尖頭器」という鏃《やじり》ですが、アメリカ、アイダホ州西部にあるクーパーズ・フェリー遺跡で発掘された遺物の中に、同じような形の尖頭器がみつかっているのです。

---

※9　ちなみに、現代の日本人の 4.8%がハプログループ D5 ですが、D5・D6 は東南アジア・東アジアに多いハプログループで、これは新しく渡来した人たちかもしれません。

クーパーズ・フェリー遺跡の尖頭器には「舌」があるという特徴があります。舌があるとやじりの交換が楽になるのですが、その舌をもつ尖頭器のことを「有舌尖頭器」といいます。

クーパーズ・フェリー遺跡の尖頭器と、北海道の上白滝2遺跡で発掘された岩宿時代後期（更新世末期）の尖頭器の比較を図3－4に示します。

Ⓐはクーパーズ・フェリー遺跡の尖頭器の柄の断片です。Ⓑは上白滝2遺跡の尖頭器の図です。形が似ていませんか？

Ⓒはクーパーズ・フェリー遺跡で

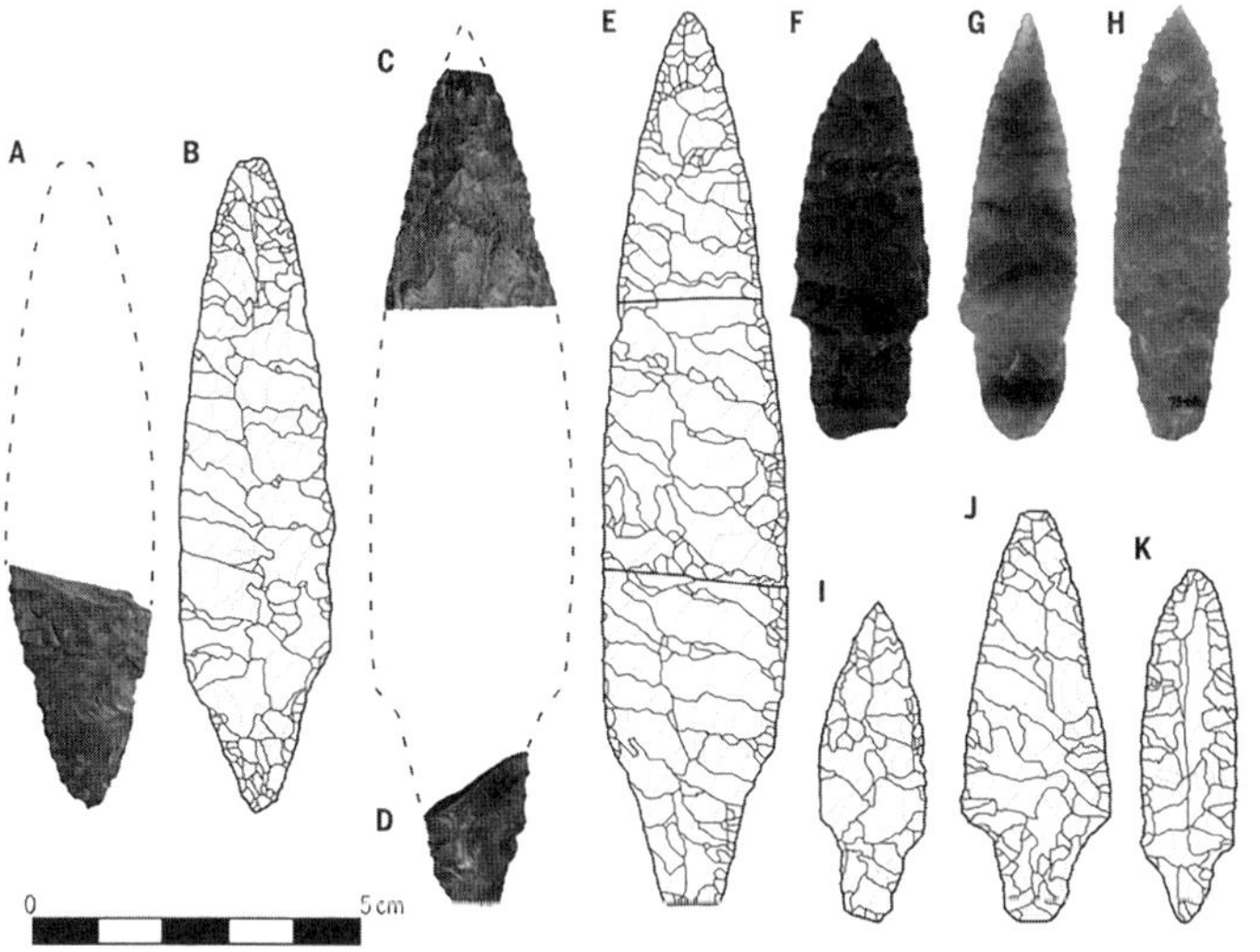

図3-4：クーパーズ・フェリー遺跡の尖頭器と上白滝2遺跡で発掘された尖頭器
From Science. 2019;365(6456):891-897. Reprinted with permission from AAAS

発掘された有舌尖頭器の刃の断片で、Ⓓの柄の断片から分かるように、舌がありますよね！　Ⓔは上白滝2遺跡で発掘された尖頭器の図で、そっくりです。その他の比較として、Ⓕ～Ⓗはクーパーズ・フェリー遺跡から発掘されたもの、Ⓘ～Ⓚは上白滝2遺跡で発掘された尖頭器の図です。

遺伝学的証拠から、クーパーズ・フェリー遺跡では、1万6千年前に人が住んでいたことが明らかにされています。この時代、アジアとアラスカの間の回廊は少なくとも1万4800年前ごろまで閉じており、数キロメートルもある氷が回廊を覆っていました。植物も生えない自然環境で、動物もおらず、氷床を渡るのは食料なしには無理です。しかし、海ならば釣りをしたりアザラシなどの海生哺乳類を狩れば生きていけるので、1万7500年前～1万4600年前のどこかの時点で、人がおそらく舟で渡ったと考えられるようになりました。

みてきたように、岩宿時代の住民は航海技術をもっていました。釣りも行っていたでしょう。そこからも、海岸線沿いに釣りや海生哺乳類の狩猟をしながら舟でアメリカに行き着いたと考えるのが合理的でしょう。

ちょうど1万６千年前といえば、縄文時代草創期が起ころうとしていた時期であり、岩宿時代末期といえる時代です。大型動物を狩猟していた岩宿時代は終わりを告げ、調理の革命ともいえる縄文時代へと時代が変わっていきました。

コラム

## アミノ酸の変化

国立科学博物館の神澤秀明氏らのグループは、北海道の船泊《ふなどまり》遺跡にあった、縄文時代後期の女性人骨の完全なゲノム配列の解明に成功しました。その結果、ＣＰＴ１Ａ[※10]の４７９番目のアミノ酸が、プロリンからロイシンに変異していることが分かりました。

このアミノ酸の変化は高脂肪食の代謝に有利で、アザラシなどの海生哺乳類を狩って生活を送る人たちにはこの遺伝子変異が重要です。北極圏に住むヒト集団では、この遺伝子変異の頻度は70％を超えます。

※10　カルニチンパルミトイル基転移酵素１Ａといい、脂質代謝の中心的な役割を果たします。

船泊遺跡から出土した遺物の分析から、船泊縄文人の活動は狩猟・漁労が中心であったことが分かっており、木の実などを食べる、いわゆる一般的な縄文人の生活とは大きく違っていました。

1万6千年前ごろ、千島列島で狩猟・漁労を行っていた人々は、舟を使っていたことでしょう。航海技術をもっていたこれらの人々は、アザラシなどを追って北米に渡ることは可能であったと考えられます。しかし、現在の日本人にはこのアミノ酸の変異がほとんどみられません。

# 第4章

# 縄文時代

## 日本人の遺伝子にせまる

# 縄文時代のはじまり

## 大型動物の絶滅

岩宿時代は3万8千年前~1万6千年前くらいまでの2万2千年間ですが、第3章でみてきたとおり、岩宿時代末期には日本にいた人々がアメリカへ渡っていました。何があったのでしょうか?

図4-1をみてください。縦軸は海面の高さで、現在の海面を0メートルとしています。横軸は今から何万年前かを示しています。ちょうど1万8千年前は、今より120メートルほど海面が低かったのです。[※1]

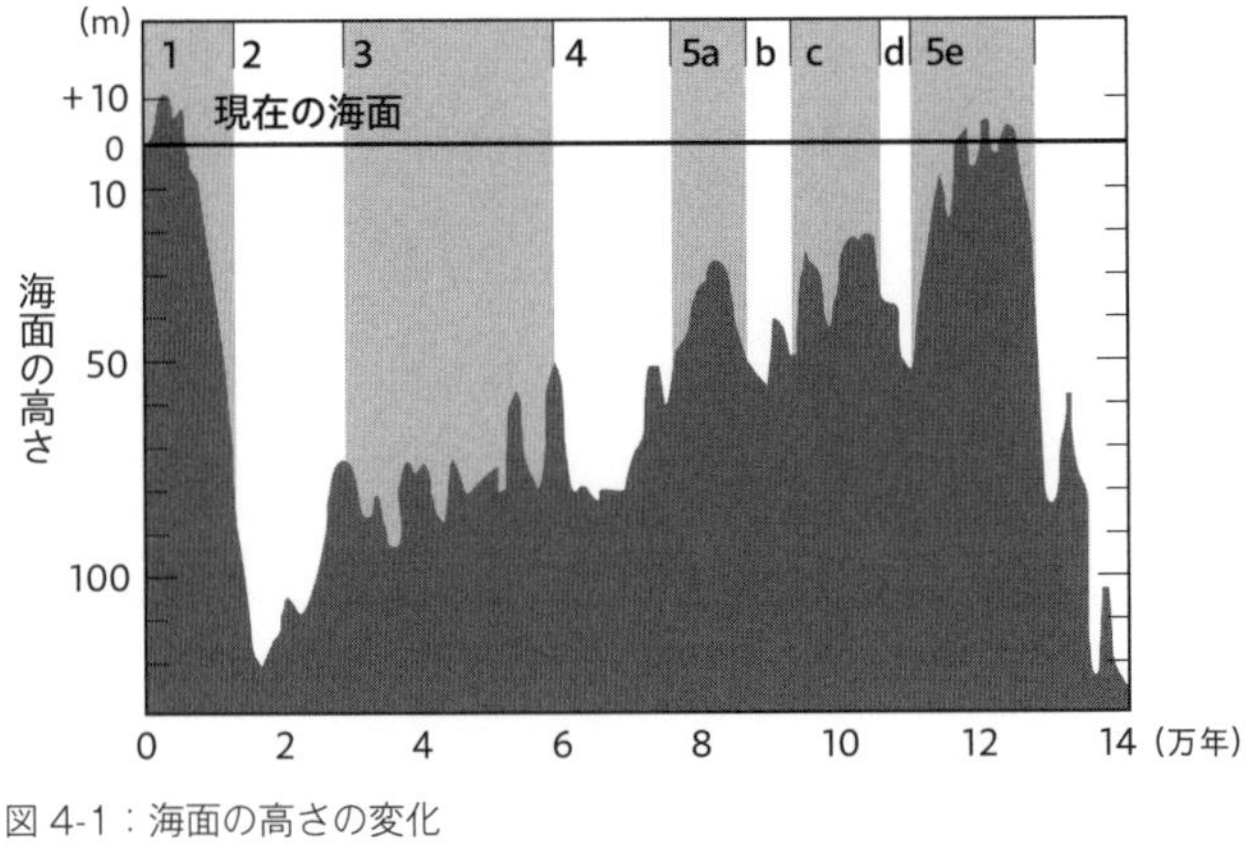


図4-1:海面の高さの変化
アメリカ海洋大気庁のデータを引用・改変

今からさかのぼって一番新しい氷期である最終氷期は、約7万年前～1万8千年前までです。この間に氷床が発達し、カナダ全体が最大で3キロメートルほどの厚い氷床に覆われました。海面の水は蒸発して陸地へ渡りますが、そこで氷となって陸地を覆うため、海に戻ってこなくなり、結果として海面が低下したと考えてください。

氷床が発達すると、太陽光が反射され、ますます地球からのエネルギー放出が高まり、冷え込んでさらに氷が広がります。図４－１で最終氷期に向かって海面がどんどん下がっているのはそのためです。

逆に、氷床が溶けて緑地が増えると、太陽からのエネルギー吸収が急激に増えるので、地球の気温は急激に高まります。

日本においても氷期のころは海面が低く、今の瀬戸内海は陸地で、本州・四国・九州は1つの島でした。最終氷期のころの日本の植物相から考えると、北海道の半分以上がツンドラ気候で、九州南部が秋田県くらいの気候だったと考えられ、ここからおおまかな寒さが実感できると思います。

最終氷期が終わると、地球は急激に温暖化に向かい、そこから急速に海面が上昇していきます。

---

※１　地球が太陽のまわりを回る（公転）軌道は楕円ですが、厳密にはひしゃげた楕円になったり、真円に近くなったりを10万年サイクルで繰り返しています。地球の氷期がほぼ10万年ごとなのは、この影響が一番大きいようです。地軸の傾きも4.1万年のサイクルで22.1（21.5ともされる）～24.5度の間で変化し、地球は1.8～2.3（2.6ともされる）万年のサイクルで歳差運動もしています。これらの3つのサイクルを「ミランコビッチ・サイクル」と呼びます。

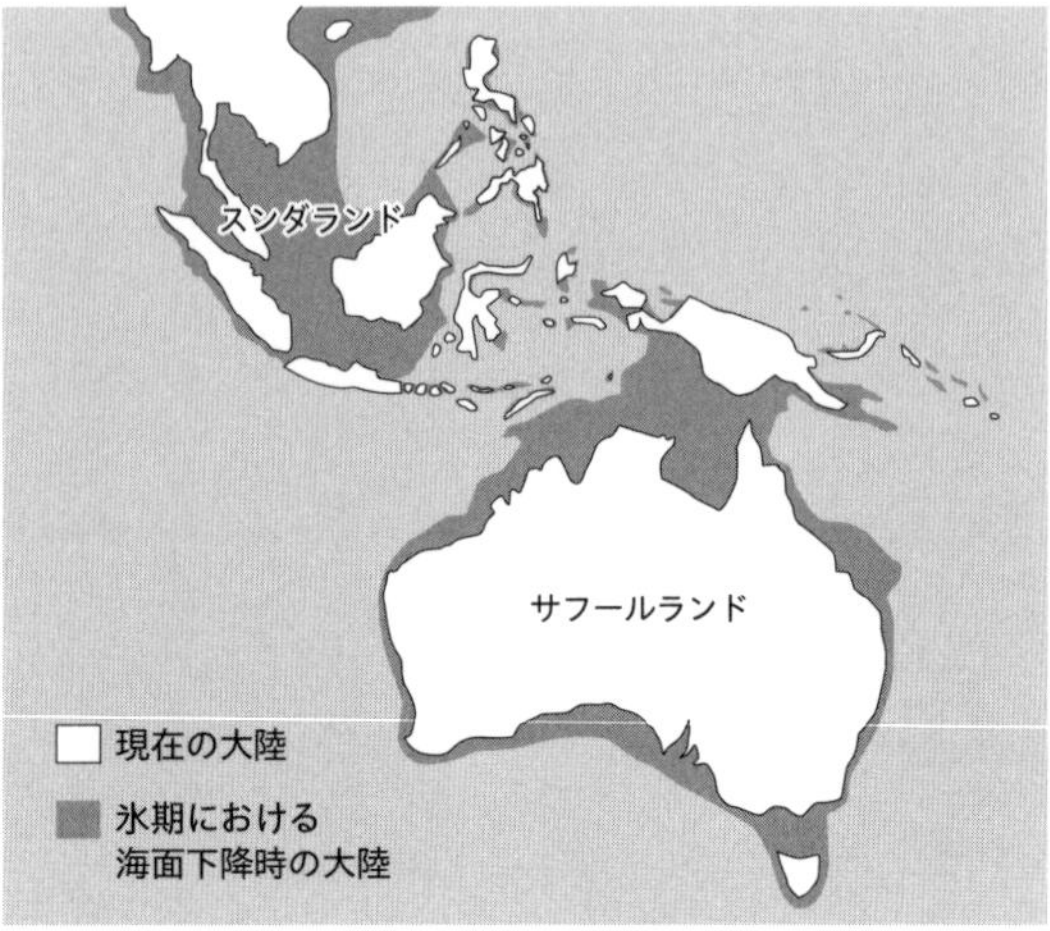


図 4-2：東南アジア～オーストラリア大陸の海面上昇
Wikipedia（© Chumwa）より引用・改変

図４－２のとおり、東南アジアのスンダランド、オーストラリアを含めて大きな大陸であったサフールランドが海没していったと推定されています。現在の東シナ海の大陸棚（傾斜がゆるやかな海底）も陸地で、その時期に海になったとされます。台湾も大陸の一部でしたが、海没して島になっています。

岩宿時代は確かに狩猟時代で、人々はマンモスやナウマンゾウなどの大型動物を追っていました。しかし、ナウマンゾウは最終氷期を乗り越えられず、２万３千年前には滅びてしまいました。

---

※２　ウランゲリ島では植生は保たれていたのですが、おそらく５千年前ほどから寒冷化し、雪の上に雨が降って凍ってしまい、マンモスに必要な植物が育たなくなった可能性があります。

さらに、この最終氷期を過ぎると、一転して温暖化が進みます。植生が変わるため、北海道から樺太経由でマンモスが北のシベリア大陸に逃げてしまいました。このようにして、どんどん大型動物がヤポネシアから消えていきました。

それでも狩猟を求めた人たちは、マンモスを追いかけて樺太からシベリアへ行ったのでしょう。ロシアとアラスカの間に位置する、海面の上昇によって孤立した小さな島のウランゲリ島では、少数のマンモスが生き残ったようで、しかしそれも４千年ほど前に絶滅します。[※2] おそらく、狩猟により減っていったのでしょう。その結果、人々は漁労や海生哺乳類の狩猟を取り入れ、舟を使って新天地を求めてアメリカへと行ったと考えられます。[※3]

一方、ヤポネシアに残った人々は今までのような狩猟はできません。狩猟は大型動物からウサギ、イノシシ、シカなど中動物・小動物を対象にするようになりました。素早く逃げる中動物・小動物を狩る方法は、大型動物とは違います。大型動物のときのように何人もの人で囲んで槍で突き刺すのではなく、一人で弓を射る方が効率的です。逆に、大型動物には弓矢

※３　第３章でご説明した有舌尖頭器が登場する１万１千年前ごろから、北米のマンモスは急速に数を減らします。このことからも、ヤポネシアで発明された有舌尖頭器の普及は、狩猟にあまりにも便利すぎて、マンモス絶滅の一因になった可能性があります。

はあまり効果的ではありません。

青森県の大平山元《おおだいやまもと》遺跡では、1万6500〜1万5千年前の土器や、世界で最も古い石鏃《せきぞく》がみつかっています。石鏃とは石で作られた鏃《やじり》で、つまり最も古い弓矢が作られるようになったのです。

また、気温が徐々に上昇し、1万6千〜1万5千年前になると森林に落葉樹が混じるようになります。これによりコナラ・クヌギなどの実、いわゆるドングリを入手できるようになりました。他にもトチの実、クルミ、クリなどが豊富に採れるようになります。集落が生まれ、調理や貯蔵に使う土器の製造も始まり、土器によって調理方法を工夫できるようになったことで、このようなドングリなども食べるようになったのです。

さらに、北海道と樺太の間が海となり、樺太と大陸の間も海峡になると、対馬海流が流れるようになります。これにより、海も豊富な食料源になっていきました。暖かくなることで料理の素材も多様で豊富になっていったことでしょう。

## 定住文化のはじまり

縄文時代の大きな特徴の1つは竪穴式住居です。図4－3は、北海道の大船遺跡です。今から5~4千年前の竪穴式住居の跡ですが、すごく深く掘られていて、深さ2.4メートルもあります。※4

縄文時代は草創期（約16000~11500年前）、早期（約11500~7000年前）、前期（約7000~5500年前）、中期（約5500~4400年前）、後期（約4400~3200年前）、晩期（約3200~2400年前）の6つに区分されています。大船遺跡は中期のものなので、かなり手が込んだ竪穴式住居です。

図4-3：大船遺跡 大型竪穴建物跡
出典：JOMON ARCHIVES（函館市教育委員会撮影）

※4　このように深く掘ると、保温性がよくなります。

縄文時代に人々の定住生活が進んだ理由として、植物の栽培が挙げられます。図4－4は大豆と小豆《あずき》の豆のサイズ（長さ）ですが、豆のサイズが時代とともに大きくなっているのが分かります。つまり、人々がより大きな豆を作る種を残して栽培していったのでしょう。

遺伝子解析で分かった驚くべきこととして、青森県の三内丸山遺跡から出土した多量のクリと、現在の青森県の森の野生のクリの遺伝子の多様性を比較したところ、野生のクリからは遺伝的多様性が認められたのに対して、遺跡から出土したクリの遺伝子はきわめて多様性が低く、ほぼ単一であったことが知られています。

「桃栗三年柿八年」なんて言葉を聞いたことがありませんか？ 桃や栗の木は実が

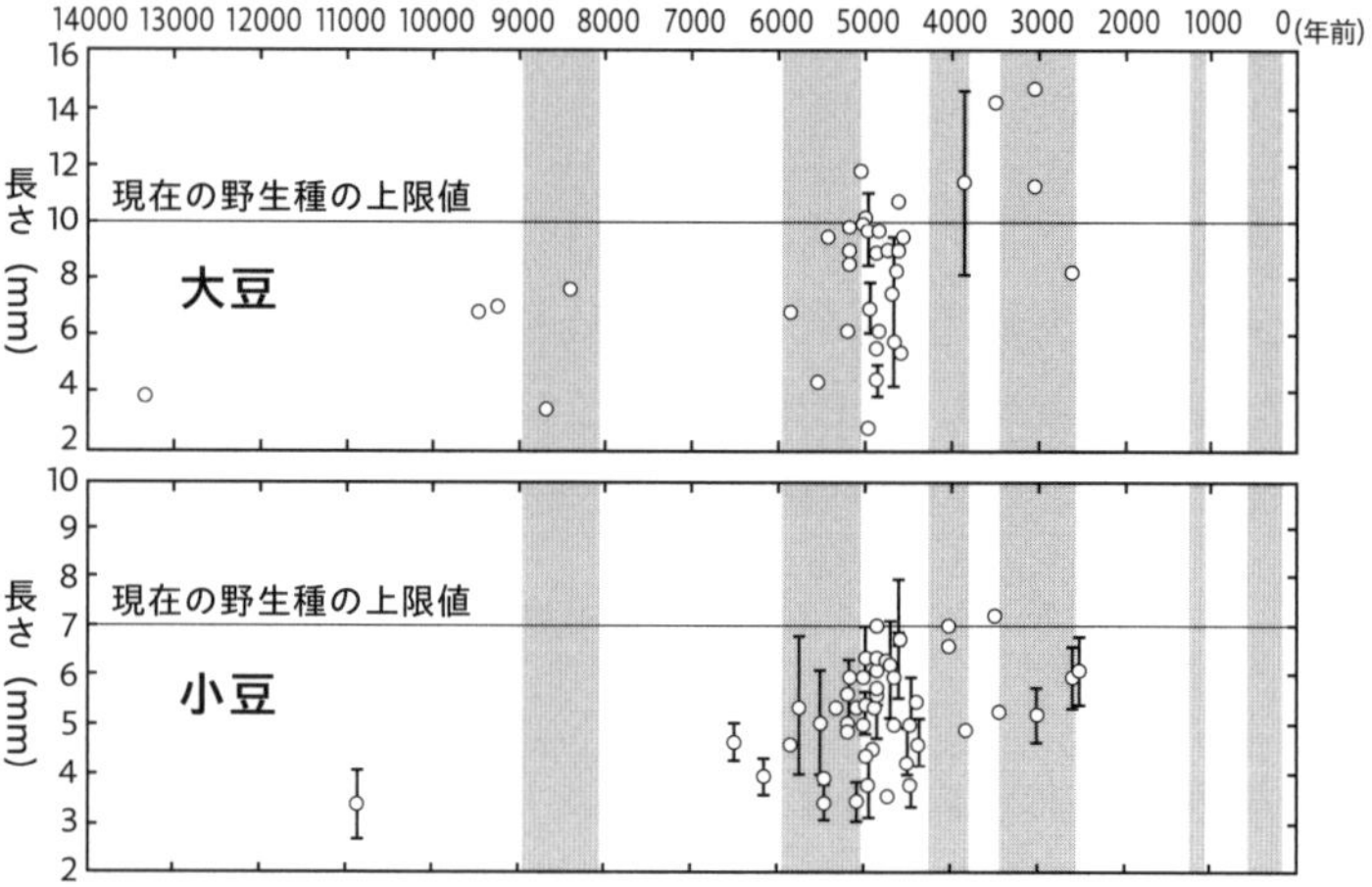


図 4-4：過去 1 万 4 千年間の大豆と小豆の豆のサイズ
那須（2018）より引用・改変

なるまで時間がかかり、柿はなおさらという意味ですが、縄文時代になってクリは全国で作られるようになっています。クリは保存食になりますし、土器でゆでればおいしく食べられます。

それに、クリの木は実がなるには時間がかかっても、成長はたいへん早く、硬くて重く、よく湿気に耐えて腐りにくいという特性があり、木材としても有用です。昔から、木造の家を建てるときは長持ちするように柱や土台にクリを使っていたのです。[※5] 先ほどの大船遺跡でもクリが出土し、栽培があったことが分かっています。

※5　明治時代になり、鉄道網が全国に広がっていく中で、線路の枕木としてクリの木を使いました。縄文時代のクリの植林が日本の木造建築を支え、さらに明治の産業物流の基幹ともいえる鉄道を支えていたのです。

# 日本人のY染色体ハプログループ

## Y染色体ハプログループ

第1章でご説明したとおり、Y染色体は父親から息子にのみ受け継がれます。つまり、ここからは男性の民族の移動などが分かります。

民族間の戦争があると、その民族を支配している層は男性であることが多いため、支配者のもつY染色体が人口に広がります。逆に、被支配層の男性は滅ぼされるか奴隷にされることが多いので、Y染色体は支配者のハプログループに置き換わるか、下層のハプログループに追いやられると推定されます。

現代人のY染色体ハプログループを図4－5に示します。

日本ではD1a2a（38・8%）、O1b2（33・5%）がかなり多く、その次にO2（16・7%）という順番です。

中国華北では漢族のY染色体ハプログループといわれるO2が圧倒的に

多く（65・9%）、ミシュミ族でもO2がほとんど（94・4%）を占め、東南アジア（44・7%）や韓国（40%）でもO2が多くみられます。それにくらべると日本人のY染色体ハプログループはどこかが支配的になるということはなく、多様性が保たれています。これが日本人の遺伝子の特徴的なところで、ある民族がある民族を圧倒するということはなかったと考えられます。

日本の土壌では骨が残りにくいですが、それでも残っていた縄文人の数体の骨の解析結果は、すべてY染色体ハプログループD1a2aです。日本各地で高い頻度でみられますが、特に東日本や沖縄に多いこと、北海道の船泊遺跡（縄文

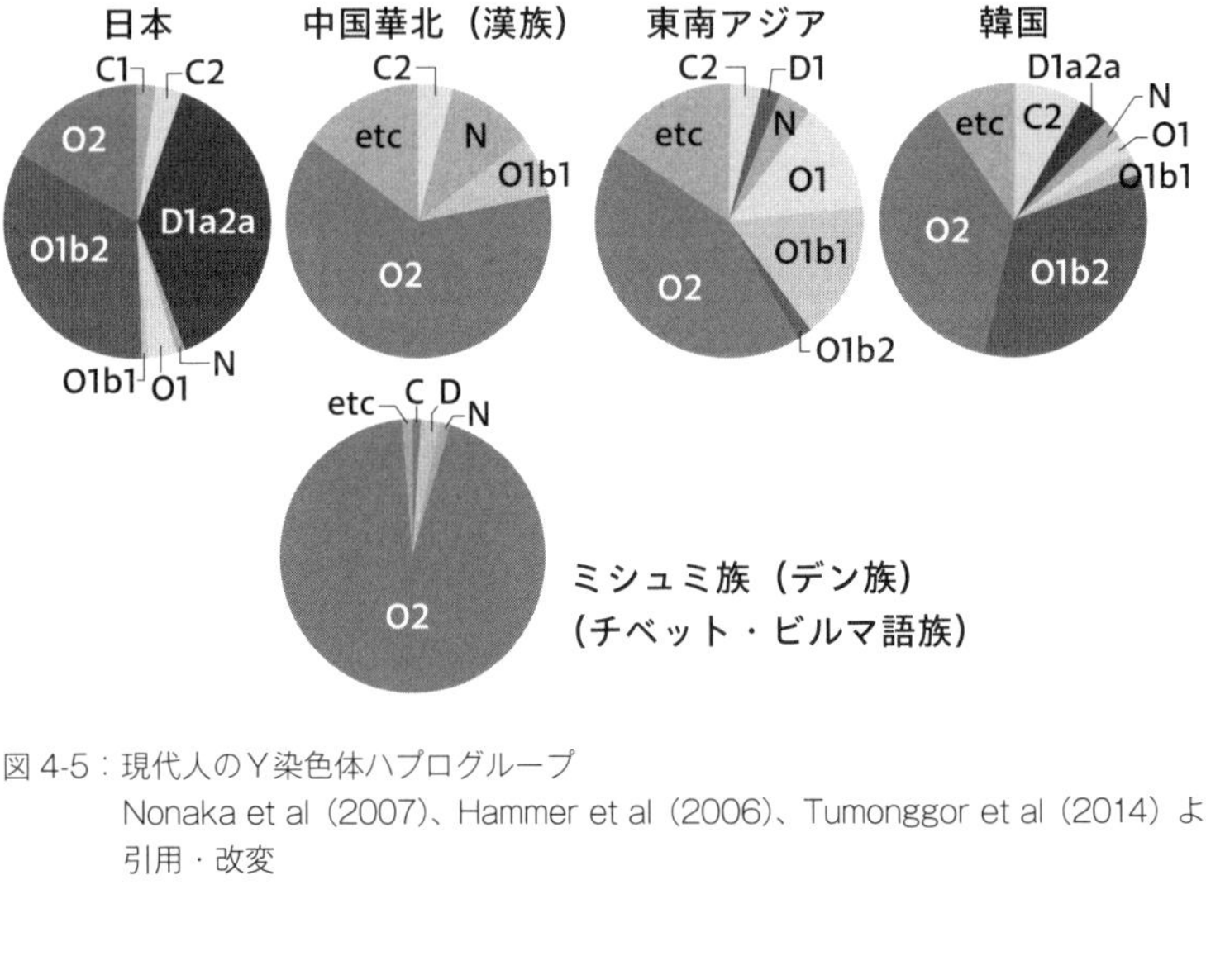


図4-5：現代人のY染色体ハプログループ
Nonaka et al（2007）、Hammer et al（2006）、Tumonggor et al（2014）より引用・改変

時代後期前葉〜中葉［約3800〜3500年前］）から出土した人骨はこのD1a2aであったことから、縄文系であると考えられています。おそらく、3万8千年前にやってきた岩宿人もD1a2aであったことでしょう。

## Y染色体ハプログループD

そこで、このY染色体ハプログループDについて考えてみます（口絵2）。まず、Y染色体ハプログループDはアフリカでD1とD2に分かれます。ハプログループD1は、現在「アフリカの角」と呼ばれる地域（アフリカ大陸東端）から、現生人類としてははじめて紅海を渡り、アフリカ大陸を脱出したグループだと考えられています。D2はサウジアラビア、ナイジェリア、シリアの現代人からみつかっていますが、それらの周辺の他ではみられません。

さらに、D1がアラビア半島の南端から海岸沿いに東北に進み、イラン付近に至り、アルタイ山脈付近へ北上したと推定されています。アルタイ〜チベット付近に留まったグループから誕生した系統が、チベット人に高頻度にみられるハプログループＤ１ａ１です。この系統で日本に移動してきたのがＤ１ａ２ａでしょう。

ここで第３章の、日本人のミトコンドリアハプログループを思い出してみましょう。これは女性の移動を表していましたね。おさらいすると、ミトコンドリアハプログループＮ９ｂは樺太を経由して北からヤポネシアに歩いて移動し、一方、ミトコンドリアハプログループＭ７ａは航海技術を用いて、南からヤポネシアに至っていました。

つまり、ミトコンドリアハプログループからは「女性が樺太を経由して北から、または南から移動した」ということが分かるため、それと同時に男性（Ｙ染色体ハプログループ）も移動しているはずです。

Ｙ染色体ハプログループＤ１ａ２ａは、北回りでやってきたのでしょうか？　南回りでやってきたのでしょうか？

この議論に大きなヒントを与えたのは、国際共同プロジェクトによる東南アジアの「ホアビニアン」の古代骨のゲノム解析です。

ここでご説明しておくと、ゲノム解析データからは、民族の混ざり合い、混血がどのようになっているかが分かります。ミトコンドリアゲノムは女性から女性、Y染色体は男性から男性へ遺伝し、混血しないので、単純に系統樹解析の手法で分類ができます。その結果がハプログループとして表現できます。

しかし、このデータからは民族と民族が混血していても、どちらかの民族の祖先だということは分かりませんよね。ですから、「主成分分析（コラム「主成分分析とは」）」という手法で分析します。

タイやラオス周辺には2万数千年前～4千年前にかけて「ホアビニアン」と呼ばれる狩猟採集民族が広く暮らしており、現在もタイにはマニ族と呼ばれる彼らの子孫が住んでいます。これらの民族は、南回りでアフリカを出たY染色体ハプログループD1の子孫で、5～4万年前に東南アジアに至り、狩猟採集民族になったと考えられています。

このホアビニアンの古代骨ゲノムの解析結果が**図4-6**です。ホアビニアンのゲノムはグループ1～6に分かれましたが、なんとその間に縄文人の古代骨も入っていたことが分かったのです。つまり、男性たちはミトコンドリアハプログループM7aの女性たちと一緒に南から海を越えてヤポネシアにやってきて、Y染色体ハプログループD1a2aになったと考えられます。

では、北回りのミトコンドリアハプログループN9bの女性のパートナーとなるY染色体ハプログループの男性は、どこに行ったのでしょうか?

これは、現在のところみつかっていません。

理由として、ミトコンドリアゲノムにくらべてY染色体ゲノムの配列を決める方が圧倒的に難しく、決められたサンプル数が少ないことが挙げられます。※6

1つの可能性の話をすると、ミトコンドリアゲノムは核ゲノムの10倍程度の速さで変異が蓄積されますが、核ゲノムは変異が

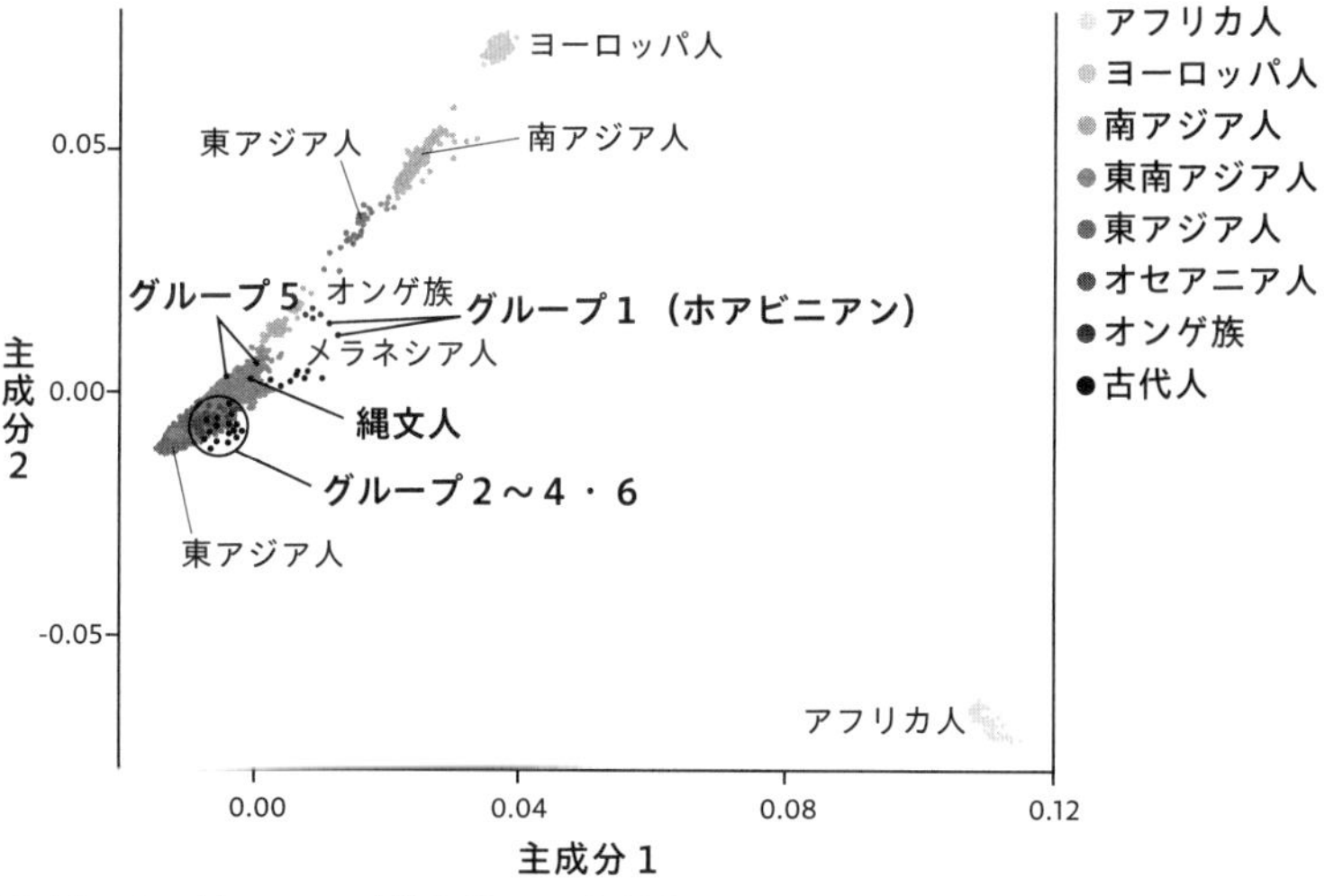


図4-6：ホアビニアンの古代骨ゲノムの解析結果
McColl et al（2018）より引用・改変

遅いため、南回りの人々の祖先と北回りの人々の祖先では遺伝的にあまり大きな違いがなく、区別できていないのかもしれません（例えば、Y染色体ハプログループＤ１ａ１が多いチベット人の祖先はＤ１ａと考えられ、Ｄ１ａ２ａが多い縄文人の祖先もＤ１ａであり、これらの区別は難しいです）。将来、データが蓄積され、より細かく分類できるようになると、区別できる可能性もあります。

もう１つの可能性は、最終氷期に大型動物が絶滅して日本の北にいる人口が減少し[※7]、結果、縄文時代になると相対的に南回りの人々の人口が多くなったため、非常に少ない縄文骨の解析では、たまたまＤ１ａ２ａしかみつかっていないのかもしれません。[※8]

## Y染色体ハプログループC

さらに、現代の日本人で少しだけみられるハプログループＣ１も縄文系だと考えられています。

Ｃ１はインドネシア東部からメラネシアおよびポリネシア、オーストラリアの先住民アボリジニに多くみられることから、南からやってきたと考

---

※6　古代骨のデータは非常に少ないですが、現代日本人のゲノムについては、薬の開発などで「どんな人にどんな薬が効くのか」といった病気の因子の解析などが行われているので、多くのデータがあります。

※7　北回りでやってきた人々は、最終氷期後に地球が温暖になっていくと、マンモスを追って北に向かう人が多かったと考えられます。

えられています。アフリカを出た最古の人々だと考えられ、Ｃ１の中のＣ１ａ２はヨーロッパでもわずかに認められており、クロマニヨン人もＣ１ａ２なのです。

日本でみられるのはＣ１ａ１で、沖縄では９％と高頻度に認められる（北ほど低くなる）ことから、南方から舟でやってきた人々だと考えられます。[※9]

なお、Ｃ２は中国華北でもみられ、ロシア極東の先住民やモンゴルで高い頻度でみられることから、北回りでやってきたと考えられます。

## Ｙ染色体ハプログループＯ

一方、ハプログループＯ１ｂは、中国南部～東南アジアやインドの一部（特にオーストロアジア語族）で多くみられるＯ１ｂ１系統、および日本や韓国で多くみられるＯ１ｂ２系統に分類されます（口絵４）。こちらは、東南アジアなどの大陸南部からヤポネシアに渡ってきた人々だと考えられます。

現代日本人のＹ染色体ハプログループの中でＯ１ｂ２に次いで多いのが

※８　**図 3-3** を見返してみましょう。南回りの M7a は 7.47%であるのに対して、北回りの N9b は 2.13%です。
※９　HLA-A24 をヤポネシアにもたらしたのも、これらの人々かもしれません。

Ｏ２です。Ｏ２は漢族のハプログループだといわれ、確かに中国華北の人に多くみられます。いわゆる漢族の居住地域は黄河流域が中心です。しかし、この人々がどこから来たのか、ハプログループＯ２がどのように移動していったのかはまだまだ謎です。

ところで、言語には分類があり、インド・ヨーロッパ語族、ウラル・アルタイ語族（ウラル・アルタイ語族の中でも非常に大きな違いがありますが、広い分類では日本語・韓国語・アイヌ語も含まれます）などと名前が付けられています。その中で中国語はシナ・チベット語族の言語なので、シナ語とチベット・ビルマ語のどちらにも影響を受けています。図４－７はそれぞれの言語が話されている地域を色で示したものですが、グレーがシナ語派、黒がチベット・ビルマ語派です。

その中の黒の部分に、ミシュミ族（デン族）が住む地域があります。ミシュミ族はインドの東の端、ちょうどチベットの南、ミャンマー（ビルマ）の北、中国の南西のヒマラヤ山脈の東端にあたるところに住んでいる民族です。そして図４－５のとおり、このミシュミ族のハプログループの94・4％がＯ２なのです。

ミシュミ族がO2であることから、漢族はチベットから移動してきたのかもしれません。

日本においては、鳥取県の青谷上寺地《あおやかみじち》遺跡で発見された骨から、少数ですがゲノム配列が決められています。弥生時代の2世紀ごろの遺跡で、そこでは人骨に110点の殺傷痕が認められ、倭国大乱（2世紀末）の観点からも注目されています。

みつかった4体の人骨のY染色体ハプログループの分析結果は、Oが1体、Dが1体、C1が2体でした。Oについてはサブグループまで決められていませんが、O1b2かもしれません。さらに、DはD1a2であろうと推定

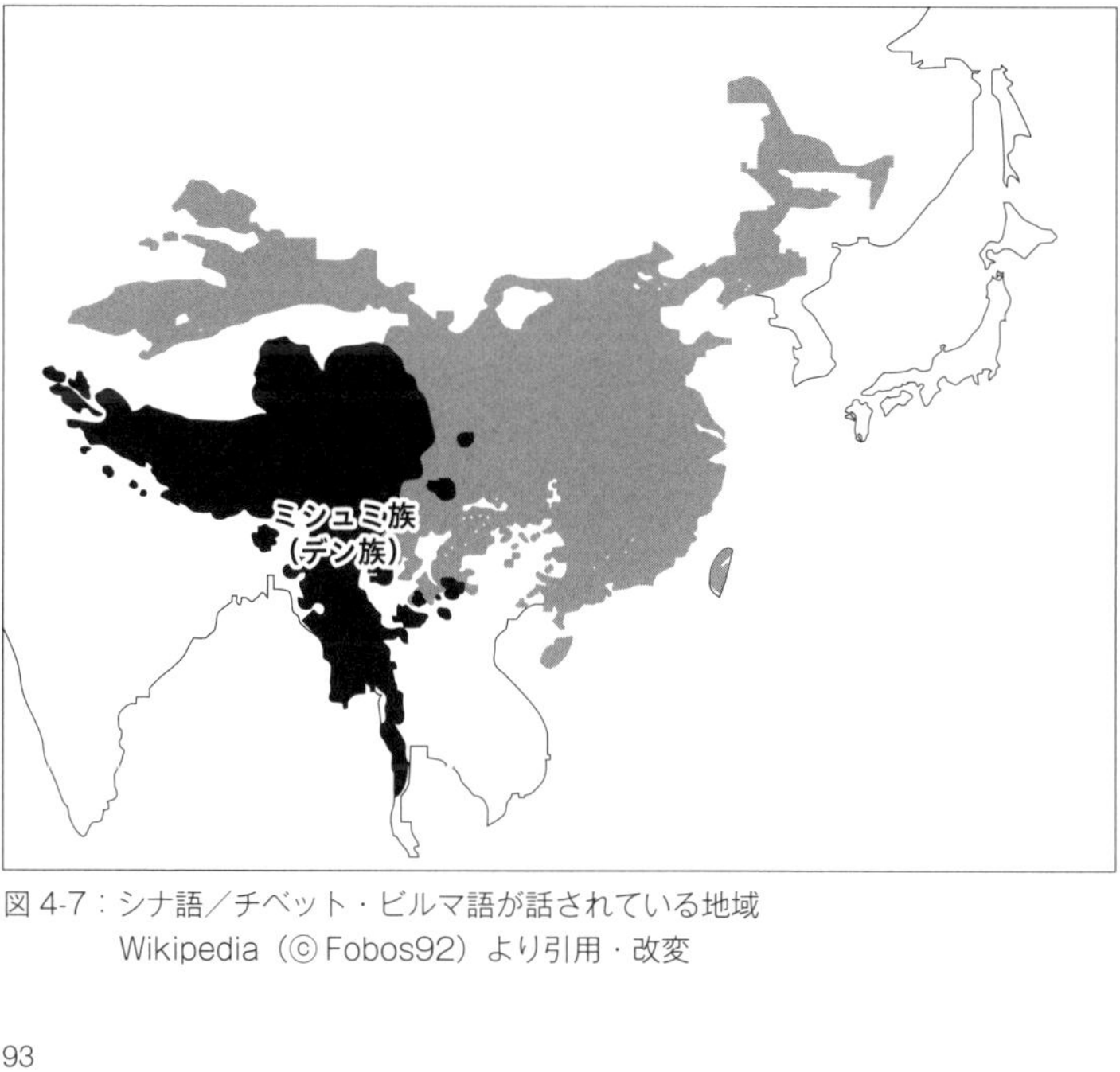


図 4-7：シナ語／チベット・ビルマ語が話されている地域
Wikipedia（© Fobos92）より引用・改変

できます。

不思議なことですが、今までご説明した民族の移動はすべて西から東への東進です。太陽が昇る方向へ人が移動するのはなんとなく分かるような気がしますが、人類の始原的な信仰として、太陽を神とする自然崇拝の気持ちがあるからかもしれません。

コラム

## 主成分分析とは

あなたが、チェーン店のラーメン屋を経営していたとします。

そして、味噌ラーメンA、醤油ラーメンB、塩ラーメンCの新商品を開発し、100人のモニターに10点満点で点数を付けてもらったとします。ここから、Aを縦（X）軸、Bを横（Y）軸にして、100人の点数をグラフで比較することができます。

同様にＢとＣ、ＣとＡでもくらべられます。３次元のグラフだと、同時に縦がＡ、横がＢ、奥行きをＣとして比較できますよね。こうすると、それぞれのお客さんの１００個の点はばらつきます。

この縦・横・奥行きから、３次元の立体をイメージしてください。ここで、それぞれ存在している点が最もばらついている方向に直線を引きます。この、３次元の中で表される直線のベクトルが、主成分１です。

次に、その主成分１のベクトルの中で最も点がばらついている部分に、主成分１のベクトルと直交するように直線を引きます。このベクトルが主成分２です。

この主成分１を縦軸、主成分２を横軸にしてグラフを描くと、２次元のグラフになります。これが主成分分析です。

これを用いると、例えば東日本と西日本の店舗を色分けして顧客の点数の付け方をみたり、調査したときの気温や天気で色分けしてどういう地域でどういう気象条件のときにＡ、Ｂ、Ｃが売れるかを考えたり、年齢別・男女別での好みなども知ることができます。

こんな主成分分析は、ゲノム解析にも用いられます。

遺伝子を比較すると、すべての場所で変異しているわけではありません。そこで、変異している場所のデータベースを作ります。[※10]

そして、例えば遺伝子の中のある特定の場所で、「A」と「G」の2種類がみられる（多型）部分があるとします。父と母からAAを受け継ぐのを0、AGを1、GGを2とします。このような変異場所の数は、実際は非常に多いのですが、例として100個のデータがあるとしたら、100次元ベクトルの解析データになり、その中でばらつきが最大になる成分を出すことができます。それを主成分1、次を主成分2として、2次元のグラフにして解析するのです。どんなに多くの変数をもつベクトルであっても、主成分1と主成分2として分析することができるのが、主成分分析の利点です。

※10　この変異場所を、1塩基多型（SNP：Single-Nucleotide Polymorphism）で「スニップ」と呼びます。

コラム

# 東アジアの主成分分析

図４－８は東アジアの現代人と縄文人、弥生人を含めたゲノムの主成分分析の結果です。

縄文人から弥生人、日本人、韓国人が、直線的に北京中国人のゲノムに近づいています。一方、中国のダイ族（雲南省に住んでいて、その南はベトナム）、ベトナムのキン族（ベトナムで最も多い）、南中国漢族、北京中国人が1つの直線をなしています。

最初に東南アジアからやってきたホアビニアン（Y染色体ハプログループD1の子孫）のゲノムの中に縄文人のゲノムが入ることを考えると、ホアビニアンは縄文人のグループに近いと考えられます。

図４－８では縄文人が最も大陸の人々と離れており、その後、大陸から米の文化をもってきた弥生人は縄文人と対立せずに混血しながら、少し

ずつ大陸のゲノムに近づいていったのが分かります。つまり、ヤポネシアに最初に到達したのはY染色体ハプログループD1の人々で（前述のとおりC1も非常に古いため、今後みつかるかもしれません）、その人々は駆逐されずに、やってきたY染色体ハプログループOの人々たちと平和に混血していったと考えられます。

図内の「田園洞」というのは、北京で発見された4万年前の人骨です。1点のみの解析ですが、大陸の人々の直線とは違っており、4万年前に大陸には別のハプログループの人々が住んでいた可能性があります。3万8千年前にヤポネシアに渡った人はおそらく縄

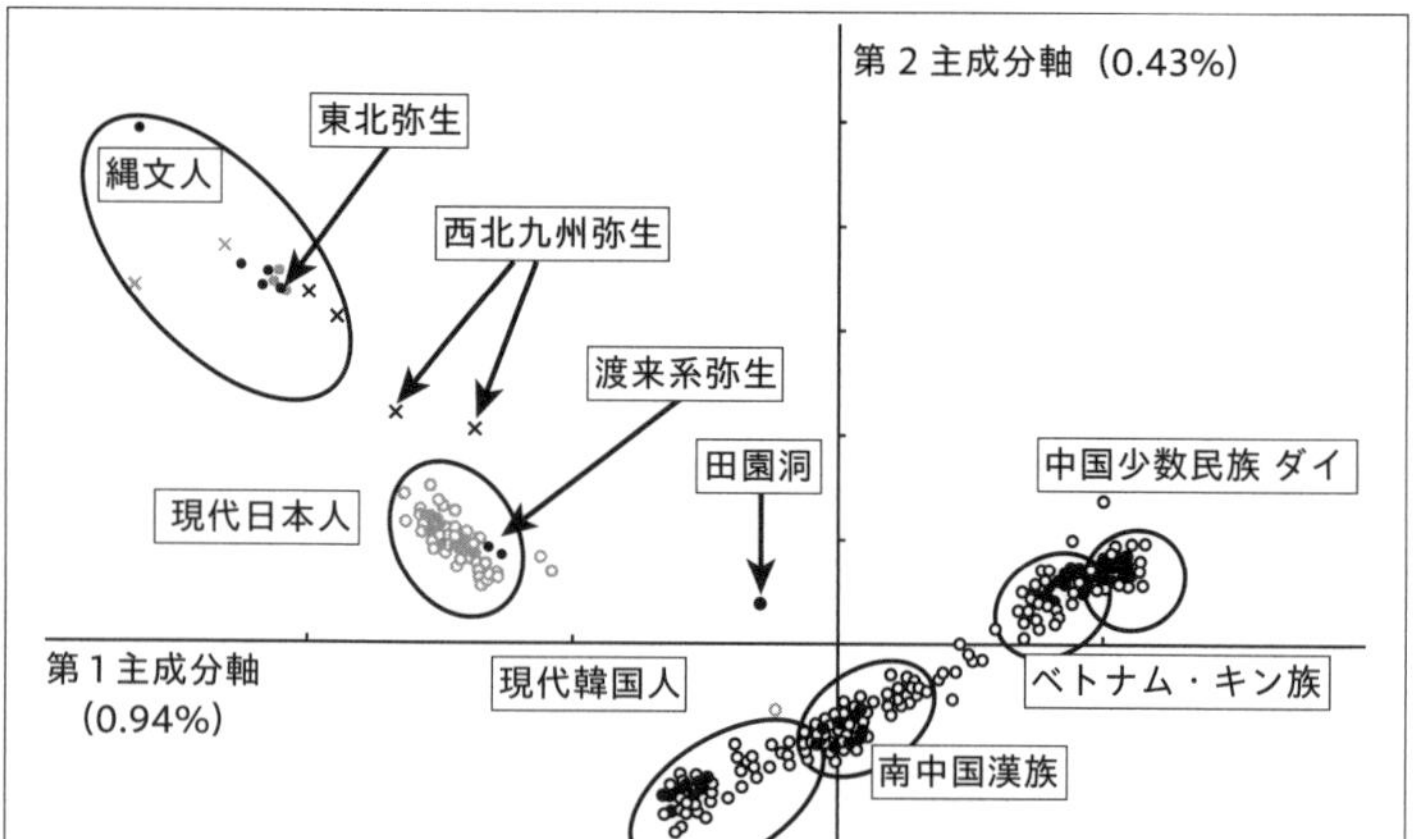


図 4-8：東アジアの現代人・縄文人・弥生人を含めたゲノムの主成分分析の結果
篠田（2019）より引用・改変

文人の直線に乗ると考えられるので、ヤポネシアに渡ってきた人々とも別のようです。

田園洞のゲノムデータは、すでに４万年前には現代につながるなんらかの大陸の民族と南からヤポネシアに来た人たちが混血した人が大陸の北部に住んでいた可能性を示しています。

# ヒスイの交易

## 遼河《りょうが》文明と縄文文化

遼河文明は、紀元前6200年ごろから存在した、現在の中国東北部の遼河流域で起こった文明です。内モンゴル東部と遼寧省西部を中心に発達し、大陸最古の土器がみつかっています。※11

遼河文明の1つである紅山《こうさん》文化※12（紀元前4700〜紀元前2900年ごろ：図4-9）の成立を代表するものが、遼寧省西部の牛河梁《ぎゅうがりょう》遺跡です。

ここは半地下式の木造建築物である「女神廟《びょう》」と呼ばれる神殿を中心に発達しており、内部から土で作られた人物・野生動物の塑像の破片が出土しています。人物は女性で、頭部1点は比較的良好な状態で保存されていました。

ここで非常に興味深いのは、多くの玉などのヒスイ製品、さらに半地

※11　他にも中国では2万年前の地層から土器片がみつかったという発表がありますが、まだまだ、遼河文明のような信用できるものは出ていません。土器の年代測定は簡単ではなく、炭化物が土器に付着している（調理などをしたと分かる）などがないと、文明の証明は難しいのです。

※12　1908年に考古学者の鳥居龍蔵が、最初に紅山文化を発見しました。

下、つまり竪穴式住居など、縄文文化とのつながりを感じさせるものがみつかっていることです。

中国ではヒスイが採れません。ヒスイはマントルの対流による海洋プレートの沈み込みによって生成されるので、採れるところは非常に限られており、アジアでは日本とミャンマーで採れます。日本では、新潟県の糸魚川が良質なヒスイの産地として有名です。

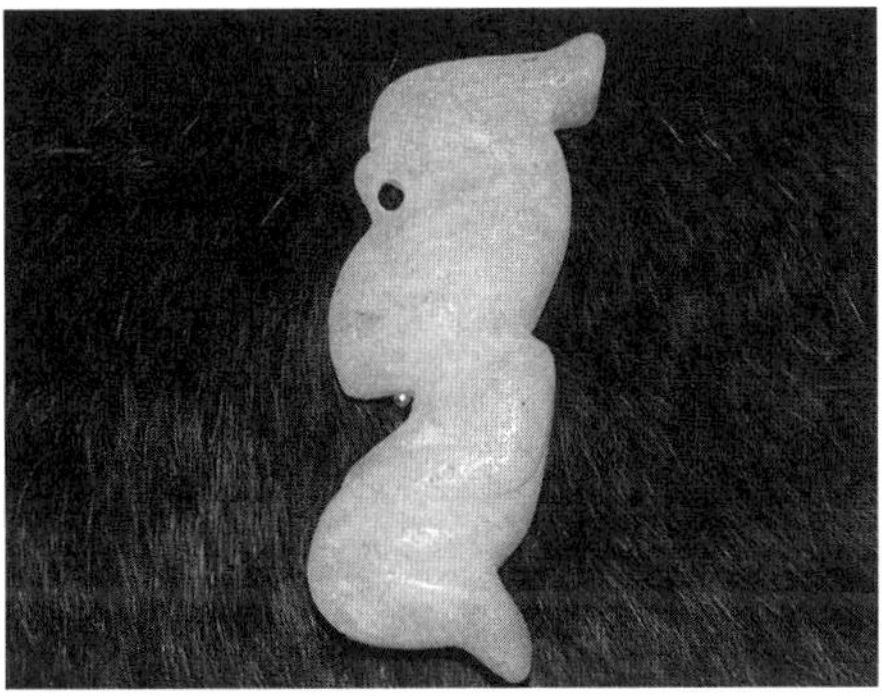
図4-9：紅山文化の太陽神の玉器
出典：Wikipedia（©玉而富）

東京国立博物館によると、今日の中国で「玉」と呼ばれる石材は大きく2つのグループに分けることができるそうです。1つは「軟玉」、もう1つは「硬玉」です。中国でもともと採れたのは軟玉のメノウで、潤いをたたえた神秘的なツヤに特徴があります。

ところが、18世紀に清が拡大すると、新しい石材が中国にもたらされるようになりました。それが硬玉のヒスイです。ヒスイは今のミャンマーから運ばれ、鮮やかな色彩やときおり複数の色を備え、中国の人々を瞬く間に魅了しました。このように、大陸王朝のヒスイ文化は、18世紀の清の時代からということになりま[※13]す[※14]。

しかし、5千年前にさかのぼるとミャンマーではヒスイが採られていませんでした。つまり、遼河文明のヒスイは、日本の糸魚川産だと考えられます。このことから、ヒスイは縄文時代からその美しさと神秘さによって広範囲で交易されていたことが分かります。

日本では、少なくとも約7千年

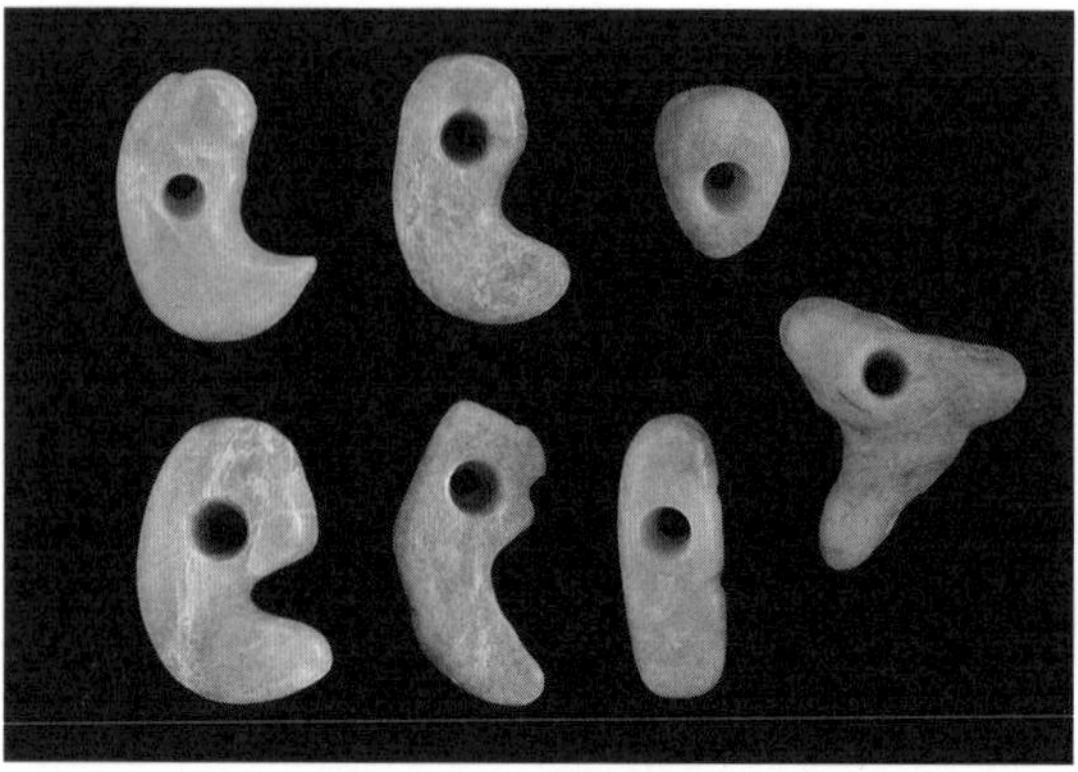

図 4-10：朝日山（1）遺跡 ヒスイ製玉類
出典：JOMON ARCHIVES
（青森県埋蔵文化財調査センター所蔵、田中義道撮影）

※13　特例的に、倭の国（日本）からの献上品は本物のヒスイですよ。

※14　国立故宮博物院でも非常に人気の高い翠玉白菜《すいぎょくはくさい》は、18 ～ 19 世紀の清の時代のものです。この白菜の石材・ヒスイも硬玉です。

前の縄文時代前期にはヒスイの加工を行っていました。弥生・古墳時代においても珍重され、祭祀・呪術に用いられたり、装身具や勾玉《まがたま》などに加工されたりしていました（図４－10）。

しかし、ヒスイ信仰は日本の古来の信仰と結びついていたため、仏教伝来に伴い次第に衰え、物部氏が蘇我氏に滅ぼされた後は、ヒスイが広まることはなくなりました。

## ヒスイの交易ルート

さて、ヒスイの交易ルートについて考えておきましょう。

日本では、太平洋側ではカヤ、日本海側ではスギをくり抜いて舟を作っていました。図４－11は鳥取県の桂見遺跡でみつかった丸木舟です。大木をくり抜いて作る舟のことで、２つみつかっています。[※15] 日本では、このような舟を用いて交易を行っていたと考えられます。

２つの舟をつなぐ工夫をすると（双胴船）、簡単にはひっくり返ったり沈んだりしません。舟上で生魚を食べればビタミンなども補給でき、海上ではよく雨が降るので水も得られ、縄文土器があれば何カ月でも海上生活

※15　全長 7.24 メートルと、全国でも最大級の大きさです。

ができたことでしょう。

しかし、この舟は帆船ではありません。みんなでこいで進めるので、潮の流れに逆らうのはたいへんです。

海上保安庁によると、黒潮の流れは、沖縄本島の西方では最大4キロメートル／時（大人が歩く速さ）、紀伊半島の沖合では最大6キロメートル／時（大人の急ぎ足程度の速さ）以上で流れているとのことです。黒潮の1秒間に流れる海水の量は、紀伊半島の沖合で東京ドーム48個分にもなります。

それにくらべると、日本海側は穏やかといえるかもしれません。対馬海流は対馬海峡の韓国側と日本側から入り込みます。このときの速さはおよそ2キロメートル／時ですが、韓国側で最も速い流れは6キロメートル／時にもなります。対馬海峡を抜けて日本海に入ると、およそ2キロメートル／時で流れます。大半は津軽海峡を抜けて太平洋に出ますが、北海道西岸を流れ、宗谷海峡から太平洋に流れる海

図 4-11：桂見遺跡から出土した丸木舟
出典：文化庁 日本遺産ポータルサイト

流もあります（図4－12）。さらに、樺太と大陸の間は北から南にリマン海流が流れています（寒流）。

一般的な公園などの手こぎボートは5～9キロメートル／時くらいの速さだと思いますが、長距離をこぐとなると、日本海側であっても2キロメートル／時の流れに逆らって北から南にこぐのはたいへんかと思います。

沖縄でも、縄文時代後期～晩期（約3200～2400年前）の糸魚川産のヒスイがみつかっていますが、このような海流の流れから、日本海を海流に逆らわずに左回り（対馬海流で北上し、リマン海流で南下する）で回っていたと考えられます。大陸の沿海州や朝鮮半島とも無理なく交易ができたでしょう。

図 4-12：日本近海の海流の模式図
海上保安庁（2006）より引用・改変

## 中国東部の遺伝子解析

さて、遼河文明の中でも紅山文化になると、遺伝子解析を行うことができます。

同じ時期にできた黄河文明と比較するために、両者のちょうど中間にある桑乾河《そうかんが》流域も含め、それぞれのDNAの配列（Y染色体ハプログループとミトコンドリアハプログループ）を決めた論文が『Nature』誌に掲載されました。

この3文明の位置関係は図4-13のとおりです。

紅山文化は西遼河流域で起こっています。黄河文明は黄河流域で起こった

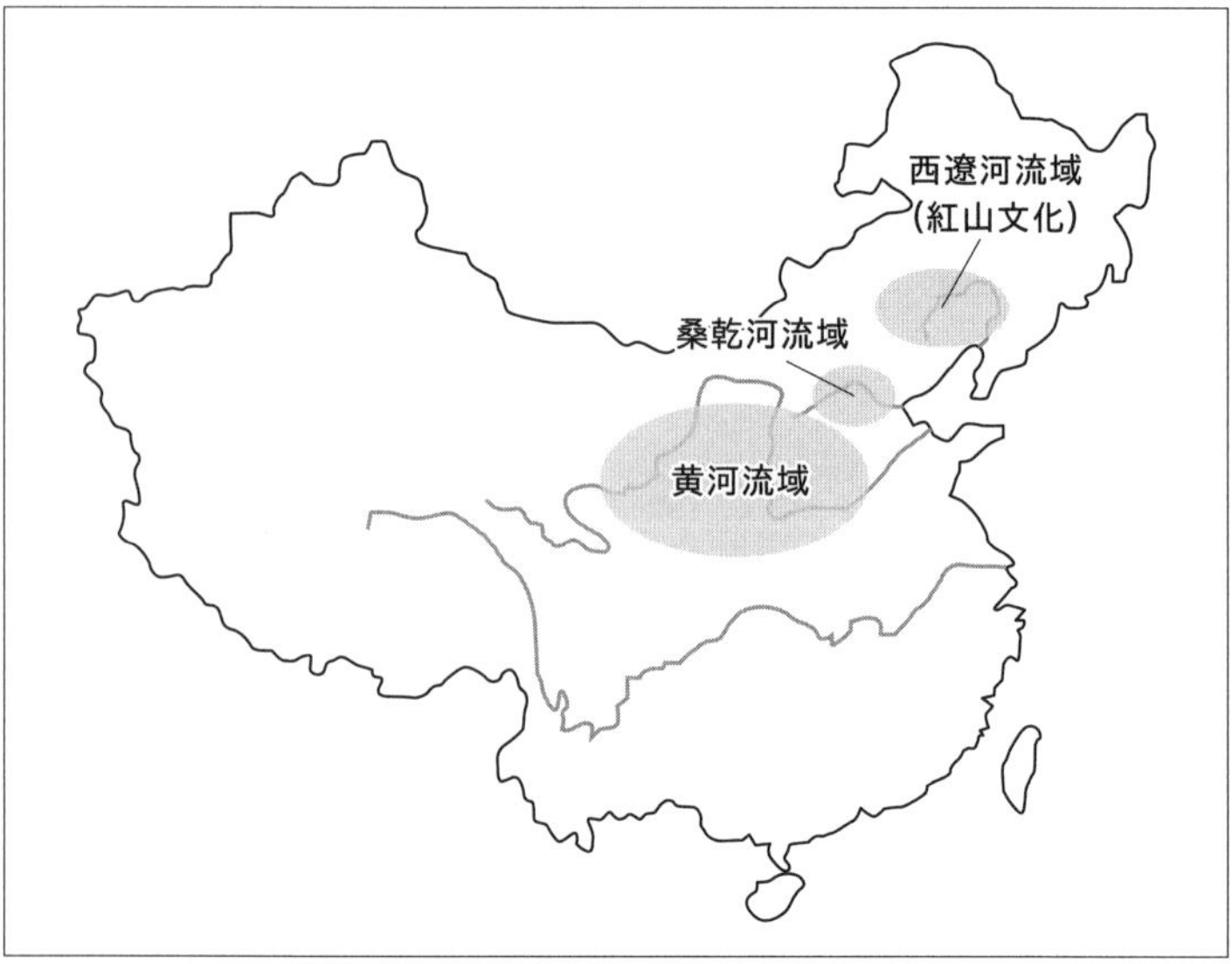


図 4-13：西遼河流域・桑乾河流域・黄河流域
Zhang et al（2017）より引用・改変

ことで知られ、「中原」と呼ばれる漢族の中心地でもあります。

まず、この調査では最も古い紅山文化のY染色体ハプログループをみてみましょう（図4-14、口絵2、4）。Y染色体のサンプル数はどうしても少なくなりますが、6サンプルのうち4サンプル、すなわち66・7％がN1aです。あとは、O2とCがみつかっています。

O2は漢族でしたね。Cは南方からのグループで、日本では南方ほど多くみられますが（C1a1）、C2は中国華北でも比較的みられるので、北方騎馬民族のハプログループだと考えられます。一方、N1aはユーラシア大陸の北部でみられるグループです。[※16]

次に、ミトコンドリアハプログループをみてみましょう（口絵1、3）。一番多いのは、N9の35・6％で、次に多いのはDの28・6％です。

Dは東アジア全般に多くみられるハプログループで、現代の日本人でも最も多くみられていましたね。

N9にはN9aとN9bがあり、N9aは中国南部や台湾に多いグループです。しかし、N9bはほとんどが日本でしかみられません。[※17]このこと

---

※16　シベリアを通じてフィンランドでも朝鮮半島で作られた櫛目文土器がみつかっており、N1aの人々の移動が分かります（本章で後述）。
※17　沿海州でも若干みられるようです。

### Y 染色体ハプログループ

| 地域 | 年代 | 文化 | サンプル数 | N1a | N1c | O2 | O1b | O | Q | C |
|---|---|---|---|---|---|---|---|---|---|---|
| 桑乾河流域 | >3000BC | 雪山文化 | 17 | 58.8 | 41.2 | 0 | 0 | 0 | 0 | 0 |
| | ～1500BC | 夏家店下層文化 | 4 | 0 | 0 | 100 | 0 | 0 | 0 | 0 |
| 西遼河流域 | >3000BC | 紅山文化 | 6 | **66.7** | 0 | **13.7** | 0 | 0 | 0 | **13.7** |
| | ～2500BC | 小河沿文化 | 12 | 100 | 0 | **0** | 0 | 0 | 0 | **0** |
| | ～1500BC | 夏家店下層文化 | 5 | 60 | 0 | **40** | 0 | 0 | 0 | **0** |
| | ～1000BC | 夏家店上層文化 | 9 | 11.1 | 33.3 | **44.4** | 0 | 0 | 0 | **11.1** |
| | ～1000BC | 北方騎馬民族文化 | 12 | 0 | 0 | **0** | 0 | 0 | 0 | **100** |
| 黄河流域 | ～1045BC | 西周 | 22 | 4.5 | 0 | **27.3** | 9.1 | 18.2 | **40.9** | 0 |
| | ～220AD | 漢 | 12 | 0 | 0 | **100** | 0 | 0 | 0 | 0 |

### ミトコンドリアハプログループ

| 地域 | 年代 | 文化 | サンプル数 | D | A | G | B | M10 | R | C | Z | F | M8a | M9 | N9 | M7 | other |
|---|---|---|---|---|---|---|---|---|---|---|---|---|---|---|---|---|---|
| 桑乾河流域 | >3000BC | 雪山文化 | 41 | 34.1 | 14.6 | 12.2 | 9.8 | 7.3 | 4.9 | 4.9 | 4.9 | 2.4 | 0 | 0 | 0 | 0 | 4.9 |
| 西遼河流域 | >3000BC | 紅山文化 | 28 | **28.6** | **10.7** | **0** | 10.7 | 0 | 0 | 0 | 3.6 | **3.6** | 3.6 | 3.6 | **35.6** | 0 | 0 |
| | >2500BC | 小河沿文化 | 36 | **47.2** | **8.3** | **13.9** | 11.1 | 0 | 2.8 | 5.6 | 0 | **2.8** | 0 | 0 | **8.3** | 0 | 0 |
| | ～1500BC | 夏家店下層文化 | 14 | **42.9** | **7.1** | **7.1** | 0 | 7.1 | 0 | 0 | 7.14 | **7.14** | 0 | 7.14 | **0** | 14.3 | 0 |
| | ～1000BC | 夏家店上層文化 | 14 | **15.4** | **0** | **38.5** | 7.7 | 0 | 7.7 | 0 | 0 | **23.1** | 0 | 0 | **7.7** | 0 | 0 |
| 黄河流域 | ～2000BC | 二里頭文化 | 26 | **48.2** | **3.7** | **0** | 18.5 | 0 | 0 | 0 | 0 | **7.41** | 0 | 0 | **3.7** | 7.4 | 11.1 |
| | ～1045BC | 西周 | 52 | **26.9** | **9.6** | **1.9** | 13.5 | 5.8 | 0 | 1.9 | 1.9 | **11.5** | 3.9 | 7.7 | **3.9** | 1.9 | 9.6 |
| | ～220AD | 漢 | 29 | **27.6** | **13.8** | **0** | 20.7 | 3.5 | 0 | 0 | 6.9 | **17.2** | 0 | 0 | **3.5** | 0 | 6.9 |
| 華北 | 現代中国 | | 1100 | 24.7 | 8.2 | 5.9 | 5.5 | 0 | 1.1 | 6.5 | 3.5 | 9.6 | 12.4 | 2.3 | 2.6 | 5.8 | 11.5 |

図 4-14：西遼河流域・桑乾河流域・黄河流域の遺伝子解析
Zhang et al（2017）より引用・改変

から、縄文時代の日本の女性が、糸魚川のヒスイを持って大陸に渡った可能性が考えられます。

時代が進み、西周の時代になると、黄河流域のＹ染色体ハプログループＯ２は27・３％、Ｑが40・９％になります。

Ｙ染色体ハプログループＱはイランあたりから中央アジア、アルタイ山脈北辺を通り、北シベリアでマンモスなどの大型動物を狩りながら移動し、アメリカ大陸に移住したと思われる集団の男性にみられるハプログループです[※18][※19][※20]。

しかし、また時代が進み、漢の時代になると、１００％がＯ２に置き換わっています。春秋戦国時代を通じて、すべての男性がＹ染色体ハプログループＯ２に変わっていったと考えられます。

桑乾河流域も夏家店下層《かかてんかそう》文化の時代になると、北方のＹ染色体ハプログループＮ１ａは滅ぼされ、サンプル数は少ないですが、Ｏ２に置き換わっていて、漢族国家になっています。

西遼河流域ではＹ染色体ハプログループＣに置き換わります。Ｃ２なのかまでは記されていませんが、北方騎馬民族の支配域に入ったと考えられ

---

※18　アメリカ先住民のグループのほとんどはＱ系統です。

※19　周を建国した武王の曾祖父である古公亶父《ここうたんぽ》は異民族の攻撃を逃れるために一族を引き連れて逃げてきたといわれ、周王朝はＹ染色体ハプログループ O1a1 であったようです。

※20　匈奴など、中原の人が「野蛮人」と蔑視していた北方騎馬民族も Q1a1 と考えられています。

ます。

ここから分かることは、中国東部におけるY染色体ハプログループは、その時代の支配層に伴って極端に変化が起きているということです。それに対して、ミトコンドリアハプログループはそれほど極端には変わっていません。

春秋戦国時代を通じて、滅びた国の男性は徹底的に抑圧されて殺されるか奴隷にされ、女性は「戦利品」として男性に尽くすように男尊女卑が進んでいった歴史が垣間見られます。大陸では「生きるか死ぬか」の戦争状態にあり、武装した男が強い、男性優位の社会に変わっていることが分かります。

遼河文明の時代は、おそらく女性が崇められ、巫女《みこ》としての力をもっていたでしょう。ヒスイの勾玉は女性がネックレスに用いたのだろうと考えられており、女性は神聖な存在だったのです。

それが戦争の時代になると、男性優位の社会になってきました（第7章でご紹介するカースト制度についても同様です）。

他民族に支配されたことのない島国である日本では、皇祖神のアマテラスが女性神であったり、縄文時代の土偶・ヒスイの勾玉など、女性を巫女として崇める文化が脈々と存在しており、これは日本文化の特筆すべき点だといえます。

コラム

## 三内丸山遺跡の暦

青森県の三内丸山遺跡は5900年前～4200年前の遺跡と推定されています。約1700年続いたということは、平安京ができてから今に至るまでの約1200年よりも長く繁栄したということで、すごいことですよね。

そして、遺跡の中には間隔4・2メートル、深さ2メートルの柱の穴が6つみつかり、このうち4つからは直径約1メートルのクリの木の柱がみつかっています。この巨大な6本柱の構造物には注目が集まっていますが、なんのために作られたかはまだまだ謎です。

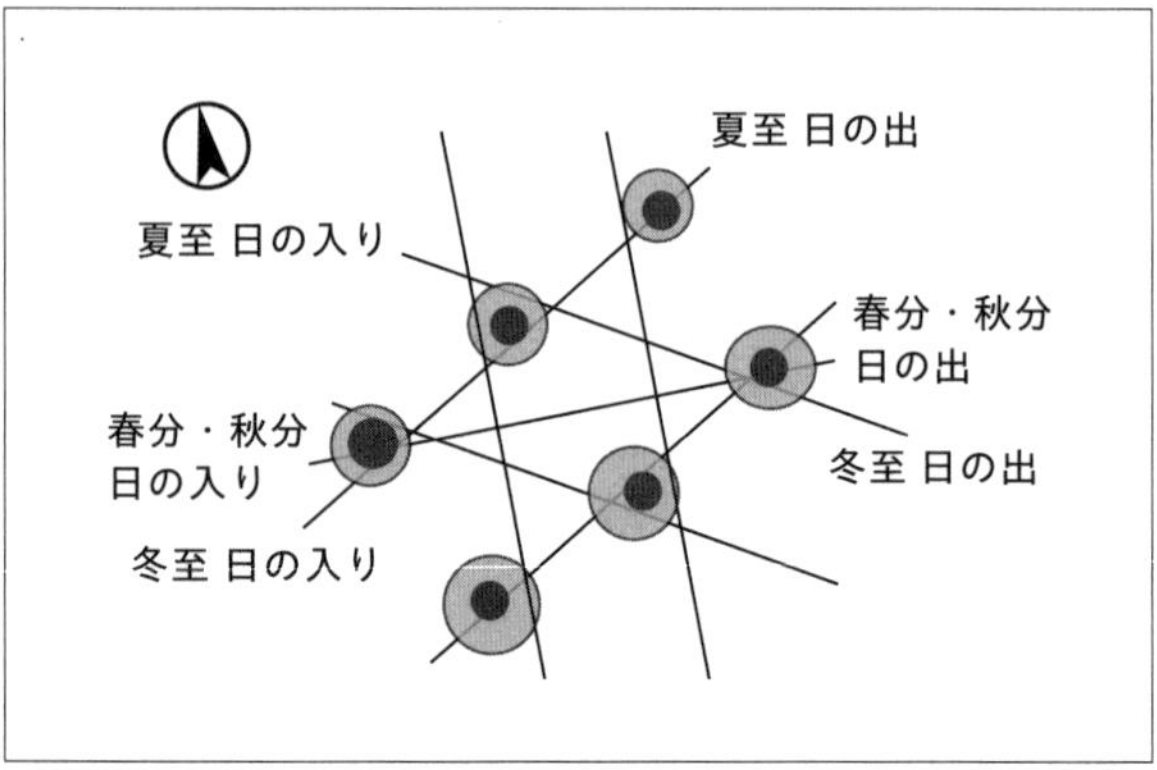


図 4-15：三内丸山遺跡の６本柱の平面図と季節ごとの太陽の方向
小林（2018）より引用・改変

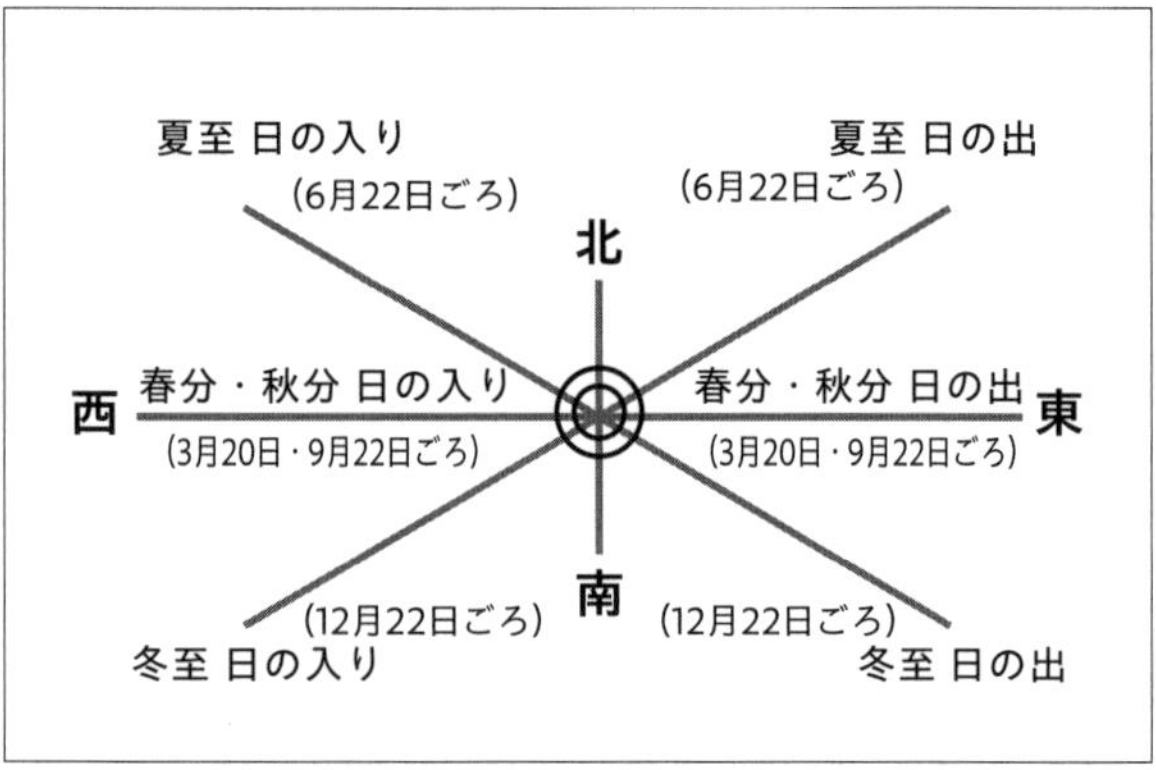


図 4-16：二至二分と日の出・日の入りの位置
小林（2018）より引用・改変

しかし、小林達雄氏が1つの面白い考察を述べています。図4-15、16のとおり、この柱の位置は夏至、冬至、春分、秋分の日の入り・日の出の位置にあるということです。夏至と冬至は影の長さが最短か最長かで分かりますが、春分と秋分の太陽の位置を知るには高度な天文学的知識が必要です。しかし、春夏秋冬を分けることができると、作物の栽培時期、収穫時期なども決められます。

小林氏によると、縄文時代にはカレンダーがあり、四季によって栽培・採集するものが違っていました。冬は動物に脂が乗りおいしいために狩猟を行いましたが、幼年の動物は殺さないなど、狩猟にも乱獲をしないような工夫があったようです。このことから、縄文時代の人々は春夏秋冬を分けて認識していたと考えられます。そして、暦は太陽（女性神のアマテラスは太陽神）につながる自然崇拝、および日本の神道の基盤となっていったのではないでしょうか。

縄文時代は1万年以上続きましたが、武器がみつかっておらず、争いのない社会であったはずです。遺伝子解析から分かるように、国家や階級が生まれると男系社会になっていきますが、縄文時代はそのような対立を意図的に避け、協力し合う社会の絆を大切にしたと考えられます。

そのため、縄文時代は巫女を中心とした母系社会であったと私は考えています。それが、ヒスイという霊的な石や、女性をかたどった土偶（図4－17）が多いことに象徴されているのではないでしょうか。

図 4-17：亀ヶ岡石器時代遺跡 大型遮光器土偶（レプリカ）
出典：JOMON ARCHIVES
（つがる市教育委員会所蔵）

# 縄文人の移動

## 縄文時代最大の自然災害 アカホヤ大噴火

日本列島は北米プレート、太平洋プレート、フィリピン海プレート、ユーラシアプレートに囲まれており、地震が多く、津波の被害も周期的にある場所です。また、火山噴火の被害も数年に一度は報道されています。

そして、約7300年前に起こったアカホヤ大噴火[※21]は、西日本一帯を火山灰で覆うほどの大噴火でした（図4－18）。

それは、現在の鬼界カルデラと呼ばれる場所で起こりました[※22]。火山島が吹き飛んで、軽石が噴出・流動するかのような火砕流が這うように地面や海面を覆いました（軽石は水に沈みません）。火災により、現在の鹿児島県全体が犠牲になったと考えられています。

さらに九州、四国、瀬戸内、紀伊半島あたりには火山灰が積もり、東北まで飛んでいます。陸上、海中の生態系に大きな影響をもたらし、多くの西日本の縄文人は生活ができず、移住せざるを得なかったでしょう。その

※21　アカホヤは「役に立たず利用価値のない赤い土」という意味で、南九州で使われている方言です。

※22　カルデラとは、火山噴火でできた陥没地形のことです。地下に大量のマグマがたまって一気に噴き出すと、マグマのあったところが空洞になり、そこに地面が落ち込むことでできます。

ため、多くの縄文人が舟で東日本へと逃れています。[※23]

ここで、航海について考えてみましょう。航海するにはもちろん舟が必要ですが、長期間となると水と食料も必要です。

ノルウェーの人類学者、トール・ヘイエルダールらは、1947年に大型のいかだで102日間の航海をしています。4月28日にペルーのカヤオ港を出て、8月7日にタヒチ島の東のラロイア環礁で座礁し、航海は7千キロメートル弱にもなりました。

そのときの航海では、マグロ、カツオ、シイラが舟に飛び込み、大きなトビウオがいかだの上に落ちてきたときにはそれをエサにして10~15キログラムもある大きなシイラ2匹を釣り、何日分もの食料としたとされてい

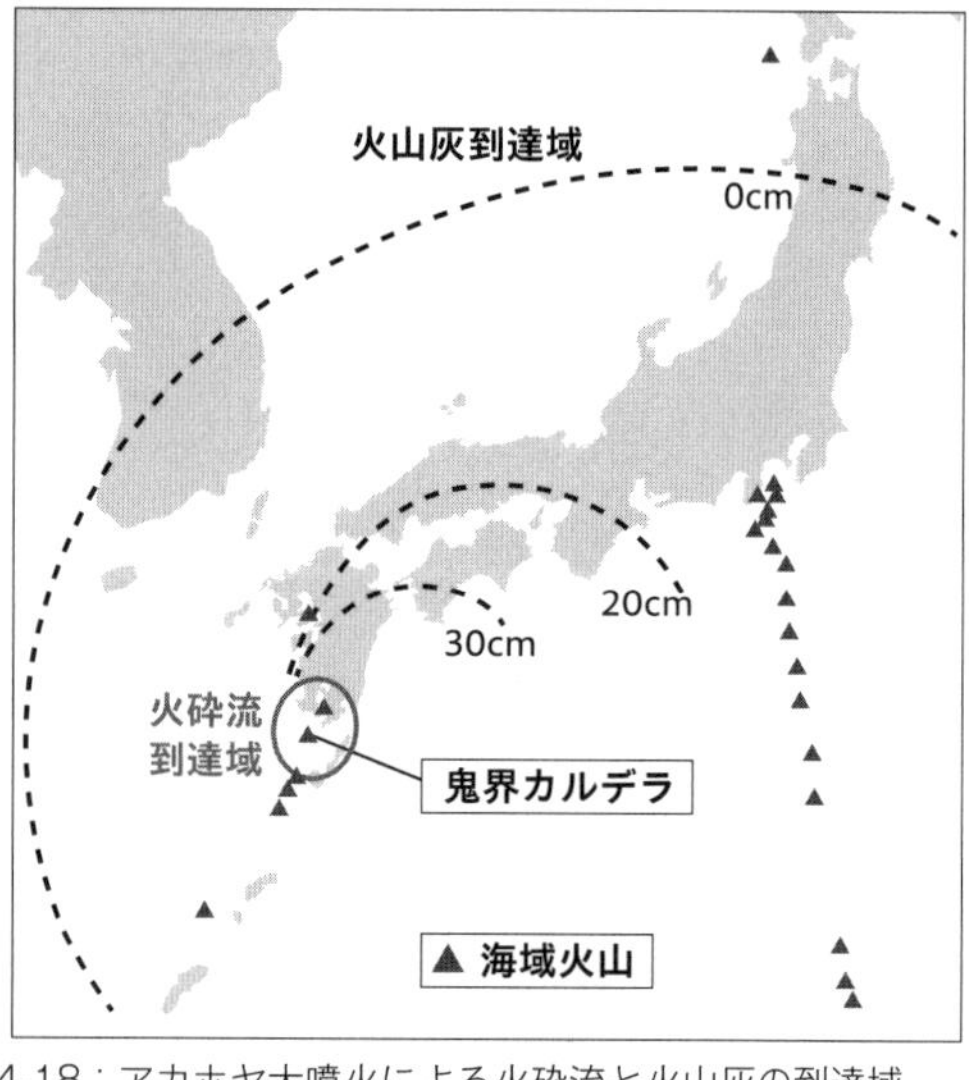


図4-18：アカホヤ大噴火による火砕流と火山灰の到達域
立山（2022）より引用・改変

ます。舟上でも魚を釣れば必要な栄養もビタミンもとれます。縄文時代は保存食が発達した時代なので、それを持っていったことも考えられます。

岩宿時代にも優れた航海技術があったことはすでにお話ししましたが、当時の航海技術は相当なものがあり、縄文時代にはそれがより発展し、東アジアの間で海洋を通じた交流が活発にあったと考えられます。

実際、８千年前（縄文時代早期末期）には、ロシア沿海州チョールタヴィ・ヴァロータ洞穴にまで、糸魚川のヒスイの玉製品の加工技術が伝わっていることが分かっています。

## 大陸と日本での人の移動

アカホヤ大噴火から舟で逃げた縄文人は、九州から東シナ海に向かい、朝鮮半島にも逃げたと考えられます。それが、日本と韓国で多いY染色体ハプログループＯ１ｂ２の人々ではないかと思われます。ミトコンドリアハプログループは、現代日本人に最も多いＤ４ではないかと考えられます。

※23　縄文遺跡が東日本に多い理由は、このアカホヤ大噴火が原因ではないでしょうか？

ちょうど、アカホヤ大噴火が起こる直前の8千年前には、ヒスイを細工する糸切り挽き技術が図4-19の地域に広がっていたことが遺跡から明らかにされています。

もともと温暖化で海没した地域の人々との舟を使った交流もあり、ヤポネシアからは大陸へ縄文土器の技術が、そして大陸南部からヤポネシアには稲作、タロイモ（里芋）などが伝わってきたと考えられます。大陸南部の人々が稲作とともにヤポネシアに帰化し、縄文人と混血もしていったのでしょう。

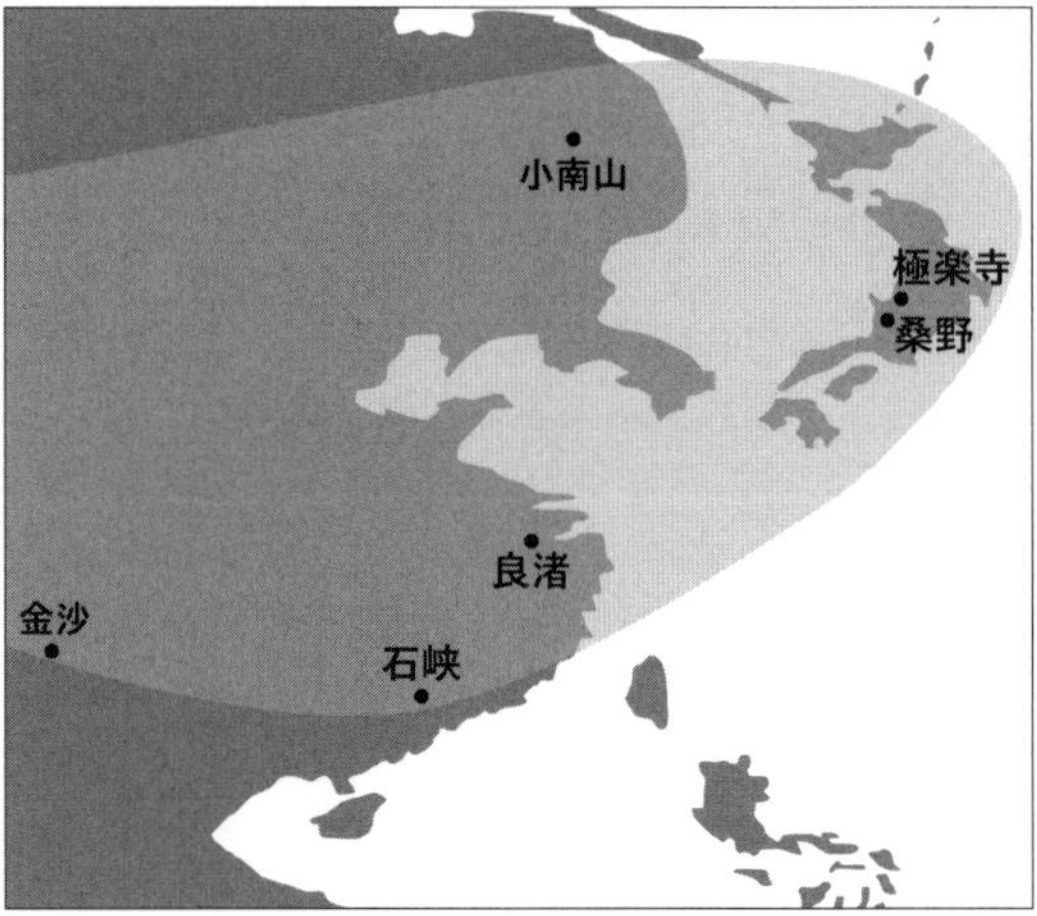


図4-19：ヒスイを細工する技術の広まり
Chung（2006）より引用・改変

朝鮮半島は1万2千年前に旧石器時代が終わり、その後、およそ7千年前に「櫛目文土器」が朝鮮半島中西部地域で作られ、瞬く間に半島全土に広がったとされています。この櫛目文土器は当時九州で作られていた縄文土器によく似ています（図4-20、21）。

櫛目文土器は九州から、遼河文明は沿海州から広がっていったと考えれば、その後の歴史もよく理解できます。

フィンランドでは、６千年ほど前に櫛目文土器が現れます。これは、Ｙ染色体ハプログループＮ１ａによって遼河文明の土器文化が広められたと考えられます。

図 4-20：櫛目文土器
出典：韓国国立中央博物館
（Object No. 22891）

図 4-21：長七谷地貝塚 土器（縄文土器）
出典：JOMON ARCHIVES
（八戸市教育委員会所蔵）

土器は陶磁器へと発展していきますが、ヨーロッパに土器の文化が広まったのは非常に遅く、17世紀に東インド会社が明の陶磁器を運んだのが最初です。[※24]

コラム

## 海を渡るヒョウタン

ヒョウタンはアフリカが原産ですが、滋賀県の粟津湖底《あわづこてい》遺跡から9600年前（±110年）のヒョウタンの種子、福井県の鳥浜貝塚からも約8500年前のヒョウタンの果実が出土しています。アメリカ大陸でもメキシコやペルーで1万年前のヒョウタンが発見されており、これはアフリカから大西洋を渡って流れ着いたのだとされていました。

しかし、2005年にアメリカのデイビッド・エリクソン氏らによって、メキシコ、ペルー、アメリカのコロンブス到達以前の遺跡9カ所から出土した8685〜790年前のヒョウタンの種子すべてから、アジアのもの

※24　17世紀後半になって、有田焼や伊万里焼が江戸時代の日本から輸入され、ヨーロッパでは磁器のことを「IMARI」と呼んでいました。1670年代、ドイツのザクセン選帝侯アウグスト強王は伊万里焼を盛んに収集し、その製法を自国に取り入れ、有名な磁器「マイセン」が誕生しました。

と共通のDNAの部位が検出されました。その種子は現在の日本のヒョウタンと似ているため、アフリカからではなく、アジアからヒョウタンがアメリカに運ばれたと考えられます。

ハワイ、ニュージーランド、イースター島を結ぶポリネシアの島々では、かつてヒョウタンは必需品でした。イースター島の神話では「マケマケの神がヒョウタンの果肉をこねて作り出した男と女が、住民の先祖である」という言い伝えがあり、ヒョウタンが重要なものだと考えられていることが分かります。

南米で多くみられるミトコンドリアハプログループBは、日本人では2番目に多いハプログループです[※25]（口絵3）。これは、1万5千年前に、北の海岸伝いに日本からアメリカ大陸まで渡ったのではないかとされています。

また、ハワイや南米でみられるハプログループBは、6500年前に東南アジアから太平洋を渡るルートで海洋進出したグループではないかと考えられます。

※25　ミトコンドリアハプログループB4が8.99%，B5が4.27%です。

進化生物学研究所の湯浅浩史氏は、古代の航海では「水筒」としてヒョウタンを使ったのではないかと推察しています。このような技術の発達を踏まえると、当時の人々の、太平洋や日本海を航行する航海技術はかなり高かったと考えられます。

# まとめ

## 縄文時代のパーツをつなげてみよう

日本人のY染色体ハプログループの特徴として、どこかが支配的になることなく、多様性が保たれていました。実際、縄文時代は約1万6千年～3千年前まで、1万3千年も続いていますが、人を殺傷する武器がみつかっていませんでしたね。

今でも日本は自然災害が多いところです。火山の噴火、地震、津波のみならず、毎年のように台風や雷雨、さらには洪水に悩まされます。日照りが続いて水が少なくなる夏も多く、自然の猛威には当時の人も悩まされていたことでしょう。そのような自然をなんとかなだめるために、呪術が非常に大切でした。

「日本」的な発想として、自然と対峙し抑え込むというよりは、自然とともに生き、自然災害を乗り越えていこうという考えが今でも強くあります。大陸のように民族どうしで戦争をすることがありませんので、起こる自然災害に対していかに「減災」するかを考えよう、また、自然災害から立ち上がるために助け合おうという文化的風土が自然と育ってきます。それが自然崇拝思想となり、自然の恵みに感謝する神道として広まってきました。

出産は今も昔も神秘的ですが、縄文時代はとりわけ医療が今のように進んでいない時代です。かつ、日本は高温多湿で、特に物が腐りやすい梅雨の時期などには感染症も多かったことでしょう。多くの乳幼児や子どもが亡くなったと考えられます[※26]。

当たり前ですが、子どもを産むことができるのは女性だけです。こうした風土から、女性を巫女として崇めて祈る文化が自然と生まれてきました。

ところで、三重県に斎宮[※27]という場所の遺跡があります（図4-22）。

南北朝時代までは、天皇家の未婚の内親王か、女王の中で亀卜《きぼく》の占いで選ばれた女子が、伊勢神宮のアマテラスを奉るために「斎王《さいおう》」として斎宮に住みました。任期は天皇が亡くなるまでなので、選ばれると父親とは一

※26　今でも「お食い初め」、つまり赤ちゃんが生きて100日を迎えられることを感謝する行事があります。それほどまでに100日を生きることが難しかったのです。

※27　さいくう、いつきのみや、いわいのみやと呼ばれます。

生のお別れになります。

今では皇室の方々は伊勢神宮にお参りになりますが、これは明治時代以降からのもので、それまでは下鴨神社、上賀茂神社に参拝するのみでした。それほどまでに、アマテラス（女性神）に仕える斎王（巫女）の役割は大きかったのです。そこで振り返ると、紅山文化では「女神廟」がみつかっており、巫女の存在を感じさせていました。

このようにみると、遼河文明には縄文女性との関係が感じられませんか？

ミトコンドリアハプログループの解析で、縄文女性が遼河流域に渡ったことについて触れました。絹織物を織る機織りも女性の仕事でしたし、女性の仕事は非常に多くあったようです。

粘土やヒスイの原石の材料を運んでくるのは力仕事なので、男性の役割だったかもしれません。しかし、神聖なヒスイの玉製品や、神事にも使われたと考えられる土器製作

図4-22：斎宮（筆者撮影）
発掘調査で、斎宮は非常に広かったことが明らかになってきました。柱のあった場所などから、斎王が暮らした内院が1/10モデルで再現されています（右の写真）。斎宮寮は実際にも再現されており、正面が「正殿」、左が「西脇殿」、右が「東脇殿」です（左の写真）。

の担い手は、女性だったことを考える必要があります。

土器の技術は高度なので、大陸で櫛目文土器が急に現れたというのは不自然です。縄文土器との共通性がみられることから、私はこのような細やかな作業は、大陸に渡った縄文人女性が教えた可能性が高いと考えています。

日本海の海運を考えると、対馬海流で日本海を北上し、リマン海流で沿海州を南下する左回りの航路が使われていたとお話ししました。これだと丸木舟でも流されるままに目的地に行くことができます。女性でも海を渡るには海流に逆らわないことが大切だったでしょう。

# 第5章

## 大陸の歴史

### 大陸と日本の遺伝子

# 春秋戦国時代のはじまり

## ヤムナヤ牧畜文化の誕生

ここからいったん日本を離れて、大陸の歴史についてお話しします。

ウクライナのデレイフカ遺跡は、6千年前の遺跡です。そこから多数の家畜、特に馬の遺体がみつかり、騎馬文化があったことが分かりました。6千年前には、すでに黒海周辺で動物の家畜化が始まっていたのです。

ウクライナからモンゴルまでは広大な草原地帯が広がり、馬によって遊牧民族の活動範囲は飛躍的に広がりました。遊牧民族が増えると、狩猟場や放牧地をめぐって争いが起こるようになりますが、いくつかの部族は部族連合を作り上げ、部族間のトラブルを解決するために有能なリーダーを選んできました。

この牧畜文化は、紀元前3600年~紀元前2200年ごろ、つまり今から5500~4000年前ごろ、ドナウ川とウラル山脈の間で発展し、ヤムナヤ牧畜文化へと成長しました。

ヤムナヤ牧畜文化を作った人々は、古代骨からすべてY染色体ハプログループR1bでした。R1bは西ヨーロッパに多いですが、一方、R1bに近縁なR1aはウクライナなどの東ヨーロッパとインドに多いハプログループです（口絵4、5）。おそらくヤムナヤ牧畜文化を作ったのはもともとR1で、それが地理的な隔離によりR1aとR1bに変わってきたのだと思われます。[※1]

ヤムナヤ牧畜文化の中心地はウクライナで、牛、羊、山羊の牧畜が行われ、騎馬文化も定着していました。これらの人々が支配的階級になり、急速にインドからヨーロッパを征服し、SVOの文法をもつインド・ヨーロッパ語族の言語が広まっていきました。

このヤムナヤ牧畜文化から、北の草原地帯へすぐに騎馬文化が広がりました。この北アジアの北方騎馬文化をもつ人々を「北方騎馬民族」と呼びます。大陸の歴史は、この北方騎馬民族が大きくかかわります。

## 夏王朝の誕生から春秋戦国時代まで

中国北部にある黄土《こうど》高原を形成する黄土は、養分を豊富に含んでいます。

※１　ご説明してきたとおり、Y染色体ハプログループは解析数が圧倒的に少なく、他のグループがまだみつかっていない可能性も考えられます。縄文人のミトコンドリアハプログループは色々とみつかっているのに、Y染色体ハプログループはD1a2aしかみつかっていないのと同じような理由が考えられます。

これが黄河を通じて下流域の土地に養分を与え、粟《あわ》などの畑作中心の農耕文化である黄河文明が生まれました。その中で、およそ7千年前に黄河中流全域で仰韶《ぎょうしょう》文化が起こります。

遼河文明（紅山文化）がおよそ8千年前に起こった文化ですから、その1千年ほど後の登場になります。また、同じころに長江流域でも長江文明が起こっています。

これらの、遼河文明、黄河文明、長江文明の時代を三皇五帝《さんこうごてい》時代といい、古代中国の神話の時代とされています。

黄河流域では4千年前（紀元前20世紀ごろ）に、都市国家である夏《か》という国が誕生します。

**図5－1**のミトコンドリアハプログループ（これは第4章の**図4－14**と同じものです）の、黄河流域にある「二里頭《にりとう》文化」が夏の時代とされ、中国における最初の王朝だと考えられています。

『史記』[※2]には、黄河の大洪水[※3]をきっかけに治水事業が行われ、禹《う》という名前の帝が治水に成功し、夏王朝を開いたと記録されています。おそらく禹の一族による大規模な灌漑事業が行われたと考えられます。

---

※2　前漢の時代の歴史家、司馬遷《しばせん》による、中国の伝説時代の黄帝から前漢の武帝までが治めたおよそ2千数百年を書いた通史です。司馬遷は宮廷の豊富な資料を用い、独自の形式（紀伝体）で歴史を記しました。その後の中国の歴史書は、この紀伝体で書かれるようになっています。

※3　『Science』誌には、紀元前1920年に黄河で大洪水が起こったことが報告されています（Wu et al［2016］、Montgomery［2016］）。

**Y 染色体ハプログループ**

| 地域 | 年代 | 文化 | サンプル数 | N1a | N1c | O2 | O1b | O | Q | C |
|---|---|---|---|---|---|---|---|---|---|---|
| 桑乾河流域 | >3000BC | 雪山文化 | 17 | 58.8 | 41.2 | 0 | 0 | 0 | 0 | 0 |
| | ～ 1500BC | 夏家店下層文化 | 4 | 0 | 0 | 100 | 0 | 0 | 0 | 0 |
| 西遼河流域 | >3000BC | 紅山文化 | 6 | **66.7** | 0 | **13.7** | 0 | 0 | 0 | **13.7** |
| | ～ 2500BC | 小河沿文化 | 12 | 100 | 0 | **0** | 0 | 0 | 0 | **0** |
| | ～ 1500BC | 夏家店下層文化 | 5 | 60 | 0 | **40** | 0 | 0 | 0 | **0** |
| | ～ 1000BC | 夏家店上層文化 | 9 | 11.1 | 33.3 | **44.4** | 0 | 0 | 0 | **11.1** |
| | ～ 1000BC | 北方騎馬民族文化 | 12 | 0 | 0 | **0** | 0 | 0 | 0 | **100** |
| 黄河流域 | ～ 1045BC | 西周 | 22 | 4.5 | 0 | **27.3** | 9.1 | 18.2 | **40.9** | 0 |
| | ～ 220AD | 漢 | 12 | 0 | 0 | **100** | 0 | 0 | 0 | 0 |

**ミトコンドリアハプログループ**

| 地域 | 年代 | 文化 | サンプル数 | D | A | G | B | M10 | R | C | Z | F | M8a | M9 | N9 | M7 | other |
|---|---|---|---|---|---|---|---|---|---|---|---|---|---|---|---|---|---|
| 桑乾河流域 | >3000BC | 雪山文化 | 41 | 34.1 | 14.6 | 12.2 | 9.8 | 7.3 | 4.9 | 4.9 | 4.9 | 2.4 | 0 | 0 | 0 | 0 | 4.9 |
| 西遼河流域 | >3000BC | 紅山文化 | 28 | **28.6** | **10.7** | **0** | 10.7 | 0 | 0 | 0 | 3.6 | **3.6** | 3.6 | 3.6 | **35.6** | 0 | 0 |
| | >2500BC | 小河沿文化 | 36 | **47.2** | **8.3** | **13.9** | 11.1 | 0 | 2.8 | 5.6 | 0 | **2.8** | 0 | 0 | **8.3** | 0 | 0 |
| | ～ 1500BC | 夏家店下層文化 | 14 | **42.9** | **7.1** | **7.1** | 0 | 7.1 | 0 | 0 | 7.14 | **7.14** | 0 | 7.14 | **0** | 14.3 | 0 |
| | ～ 1000BC | 夏家店上層文化 | 14 | **15.4** | **0** | **38.5** | 7.7 | 0 | 7.7 | 0 | 0 | **23.1** | 0 | 0 | **7.7** | 0 | 0 |
| 黄河流域 | ～ 2000BC | 二里頭文化 | 26 | **48.2** | **3.7** | **0** | 18.5 | 0 | 0 | 0 | 0 | **7.41** | 0 | 0 | **3.7** | 7.4 | 11.1 |
| | ～ 1045BC | 西周 | 52 | **26.9** | **9.6** | **1.9** | 13.5 | 5.8 | 0 | 1.9 | 1.9 | **11.5** | 3.9 | 7.7 | **3.9** | 1.9 | 9.6 |
| | ～ 220AD | 漢 | 29 | **27.6** | **13.8** | **0** | 20.7 | 3.5 | 0 | 0 | 6.9 | **17.2** | 0 | 0 | **3.5** | 0 | 6.9 |
| 華北 | 現代中国 | | 1100 | 24.7 | 8.2 | 5.9 | 5.5 | 0 | 1.1 | 6.5 | 3.5 | 9.6 | 12.4 | 2.3 | 2.6 | 5.8 | 11.5 |

図 5-1：西遼河流域・桑乾河流域・
黄河流域の遺伝子解析
Zhang et al（2017）
より引用・改変

禹は西羌族《せいきょう》、つまりチベット系（Y染色体ハプログループD1a1系が半数の民族で、アフリカを出て最初にアジアに来たグループ）と考えられています。

夏の第2代の帝は啓が就きます。[※4] 17代まで王朝が続きますが、最後の帝である桀は暴君で、人々の心は夏から離れていきます。湯という名前の王によって夏は滅ぼされ、湯は殷《いん》（商）[※5]という国をおこします（紀元前17世紀ごろ）。殷は30代まで続きます。

殷の人々は北方からやってきた人で、遼河文明を開いたとされているので、Y染色体ハプログループはN1aなのかもしれません。遼河と黄河の間の桑乾河流域の雪山文化ではN1aが58・8％なので、N1aの民族が遼河から黄河までの地域を支配していたでしょう。いずれにしても、現在中国で圧倒的な比率を占めるY染色体ハプログループO2は、民族的にはまだ支配勢力になっていなかったようです。

湯王は自らの王朝を正当化するため、「天は徳のある天子に王朝を治めさせるが、徳を失った天子に対しては革命を起こして新しい天子に王朝を

---

※4　啓はクーデターによって王位を継承したという説があり、長江流域の越族ではないかともされています。のちほど解説しますが、長江の人々のY染色体ハプログループはO1b1とされ、啓もそうなのかもしれません。

※5　殷の人々は自らの王朝を「商」と呼び、これは商人の「商」の由来ともいわれます。熱帯で採れる子安貝を貨幣として使い、子安貝は広くアジアや太平洋でも通商に使われました。

興させる」という易姓革命の思想を生み出します。

しかし、紀元前11世紀にこの思想により殷が滅び、周（西周）という国が勃興します（武という王が始祖です）。[※6]

その後、周の第12代の王である幽は側室を愛し、正妻と側室を入れ替えます。それに怒った先妻の父の申侯が、北方騎馬民族の犬戎《けんじゅう》とともに首都鎬京《こうけい》を攻め、紀元前771年に幽王を殺します。

王朝は東方の洛邑《らくゆう》に遷都し、周を再建しますが、もはや周の王朝に力はなく、様々な国が分かれて戦争に明け暮れる春秋戦国時代になります。この舞台が「中原」と呼ばれる中華の中心です。

そこで、なるべく戦争を避けるようにと広まった思想が孔子の教えである「儒教」です。

儒教は血縁を重んじます。教え自体は、誰でも正しいと感じるようなまっとうな家族観に基づいていました。

しかし、為政者からみると解釈が変わってきます。王家は自らの血縁の正当性を主張するために儒教を広めました。兄弟での相続をめぐっての争いをなくすために長子相続制とし、相続をルール化しました。[※7]

---

※６　周の第８代の王である孝には、馬や家畜を非常にうまく育てる非子という人物が仕えていました。孝王は土地を分け与え、非子に嬴《えい》の姓を授けました。非子は、のちの大国である秦にかかわってきます。

※７　二男以下は家業を相続できないので、新しい仕事を探さなければいけませんが、逆に言えば長男は代々の家業を継ぐ義務があります。例えば馬車の御者の家系ならば、代々馬車の御者になるということです。

## 周の時代のY染色体ハプログループ

図5－1をみると、西遼河流域のY染色体ハプログループは遼河文明（紅山文化）のころはN1aが過半数でした。

第4章でもお話ししましたが、N1aはユーラシアで生まれたNから分かれたグループで、大陸最古の土器文化を生み出し、また、ヒスイの出土などから縄文文化とも交流があったと考えられている人々です。この土器文化は西のポーランドまで運ばれていることから、このグループは北方騎馬民族の1つだったと考えられます。しかし周の時代には、南からやってきた北方騎馬民族のCへと変わっています。

口絵4で大きな動きをみると、ハプログループNは北から南へ移動し、ハプログループO1になって、O1bとして東南アジアから長江あたりまで北上しています。それに対して、口絵2のとおりCは南から北へと移動しています。

春秋戦国時代に何があったのかは分かっていませんが、戦乱により、大きな民族の移動があったのかもしれません。

黄河流域と西遼河流域の中間の桑乾河流域のＹ染色体ハプログループもみてみましょう。雪山文化のころは、Ｎ１ａとＮ１ｃを合わせるとハプログループＮが１００％です。それが、夏家店下層文化の時代では、Ｏ２が１００％に変わっています。遺伝子がＮからＯ２に分かれたということも考えられます。

ご説明したとおり、夏を建国した禹はチベット系でおそらくＹ染色体ハプログループＤの人で、その後、禹に取って代わった啓はＯ１ともされていましたね。

それまで住んでいたＮまたはその子孫のハプログループＯ２の人々が周辺に流れたのかもしれませんが、王族や支配者にはなっていません。

周（西周）のころの黄河流域のＹ染色体ハプログループはＱが多いです。周は北方騎馬民族の人間が中心となった王朝です（Ｑ１ａ１、コラム「Ｙ染色体ハプログループＱの謎」）。やはり馬の文化をもっていると、戦争には強かったのでしょう。さらに、現在のウイグル地域には大きな湖があり、東（遼河文明、さらに沿海州を通した縄文文化）と西の文化との交流があり、色々な情報が入ってきました。

周が滅びることでQの力が弱まり、やがて「群雄割拠」の春秋戦国時代になります。

一方、図5-1にはありませんが、三皇五帝時代の文明の1つの長江文明はハプログループO1b1が中心となりました。

春秋戦国時代は負けると一族皆殺しの時代であり、多くの男子が戦死します。おそらく兵士が不足すると、平民として農業をしていた人々も戦いに出ざるを得なかったでしょう。楚、呉、越などと国が乱立し、その中で人々が混血していくことになります。

**コラム**

## 中国・韓国における血統

今でも中国・韓国では血縁を重んじます。現代でも相手の「家」に入ることは許されないので、女性は結婚しても相手の名字を名乗らず、夫婦は別姓です。

中国では、1979〜2016年までの間一人っ子政策が行われ、2007年の統計では人口の男性の女性に対する比は120・22と異常になり、無戸籍の子どもも非常に多くなりました。とりわけ長男が大切ですので、一人っ子政策が成されたときは、女の子が産まれると戸籍に入れないか女の子と分かった時点で堕胎していた可能性が考えられます。そのため人口比がいびつで、一人っ子政策の世代は男性が圧倒的多数です。

その後、子どもは2人まで産んでよいと緩和され、2021年5月末からは3人目を産んでよいとされるようになりましたが、男女の人口比は男性が余る現象となり、現在も問題になっているようです。

韓国では、かつて同じ姓をもつ家との結婚が許されず、例えば非常に多い姓「金」氏同士の結婚ができないなどの問題がありました。2005年に法律が改正されましたが、文化的風土の問題は残り、現在でも大きな社会問題になっているようです。

日本では、いとこ同士の結婚も許されます。むしろ中世以前の、とりわけ女性には厳密な氏姓制度はなく、離婚すれば女性が子どもを育てていました。これは縄文時代の母系社会が根強くあった証拠だと考えられます。また、『源氏物語』を読めば、平安時代は「妻問婚《つまどい》」であり、男性が女性の家に通い、女性が主導するものであることが分かります。これも母系社会の痕跡と考えてよいでしょう。

実は日本では、国に合わない儒教の教えは儒学という学問に変えて、制度には取り入れていないのです。

戦争や奴隷制度のある支配社会では、男尊女卑も強まる傾向にあるようです。戦乱で国家が何度も生まれては滅び、場合によっては民族浄化※8までされてきました。このような地域では、男系的な強さが血縁の結びつきを強めてきたのではないでしょうか。戦乱で国家が滅びる経験をしてこなかった日本では、たとえ血がつながっていなくとも愛するという意識が強まりました。

※8　民族が混住している地域で、同化、強制移住や大量虐殺によって、多数派の民族が少数派を抑圧して、単一で純粋な地域を確保することをいいます。

コラム

## 孔子のY染色体ハプログループ

孔子は、紀元前552年または551年に魯国（現在の山東省の曲阜《きょくふ》）に生まれました。そこに住む曲阜孔氏という一族は孔子の子孫だとされ、1118名の孔子の子孫だといわれている男性のY染色体ハプログループが調べられました。その結果、ハプログループC2が46％、Q1aが27％、O2が20％でした。

すべてが確実に孔子の男系遺伝であると示す保証はないので、[※9]ばらつきが出るのも当然ですが、C2は現在のモンゴルやかつての満州に多く、中国東北部〜北朝鮮の朝鮮民族に多いハプログループでもあります。曲阜孔氏は朝鮮の氏族の1つでもあるので、C2が多くなっているのかもしれません。

次に多いQ1aですが、孔子の語る理想は周の王朝のよき時代を築いた周公旦（殷を倒した武の父にあたる、文王［Q1a1、次のコラム「Y染

※9　子どもの100％が戸籍上の父親の子であるという保証は難しく、長い歴史の中で隠蔽せざるを得ない事情もあることでしょう。

色体ハプログループQの謎」も参照〕の四男）であることを考えると、孔子自身がハプログループQ1aであった可能性もあります。

ハプログループO2は漢族ですので、現代の解析で多くなるのは長い歴史を考えるとありうることです。しかしそれほど割合が高くないことから、この解析で示されたC2またはQ1aが孔子のY染色体ハプログループであるというのは、非常にリーズナブルな結果に思えます。

## コラム Y染色体ハプログループQの謎

図5－1のY染色体ハプログループをもう一度みてみましょう。黄河流域では、西周の時代はQが40・9％もあり、漢の時代になってはじめてO2（漢族）が100％になります。

口絵4のとおり、Y染色体ハプログループKから分岐したグループで西に向かったのがR１bやR１aですが、反対に東に向かったのがQで、アメリカ大陸に至っています。

今から５５００〜４０００年前に、ハプログループR１b・R１aによってヤムナヤ牧畜文化が生まれ、馬の利用が始まったことをお話ししました。そこから北の草原地帯には騎馬文化がすぐに広がりましたが、この北アジアの北方騎馬文化の一端を担っていたのがQではないかと考えられます。※10

**図５-１**をみると、Y染色体ハプログループQは黄河流域の西周にのみみられています。加えて、現代中国の男性には２・８％しかないことが分かっています。

アメリカ先住民の男性のほとんどがQであることを考えると、マンモスを追ってシベリアを東に移動し、アメリカに渡ったQがアジアに残った子孫だと考えられます。ちなみに、周（西周）の始祖である武の父にあたる文王は、Y染色体ハプログループQ１a１であると推定されています。

Qは北方騎馬民族の中でみられていますが、その他、QやRのもとになっているY染色体ハプログループKから分かれたNも北方で生まれました。そのハプログループNから生まれたN１やOも北方騎馬民族です。ま

※10　周の誕生が紀元前11世紀に殷を倒したとき（牧野《ぼくや》の戦い）だとすると、今から３千年ほど前になります。ヤムナヤ牧畜文化が騎馬の文化を生み出し、それが北方騎馬文化になったとすると時期的にもおかしくありません。

た、スンダランドやサフールランドが温暖な気候で海没していくと、南方のＣなどは北に逃れて日本にも渡っています。

２０００年、ワンらが面白い報告をしています。それは、春秋戦国時代に斉という都があった、臨淄《りんし》の遺跡の調査データです。場所としては、山東半島の付け根あたりにあります。

この調査では、臨淄のミトコンドリアのＤＮＡ配列（２５００年前・２０００年前の古代骨および現代人）と現代集団のミトコンドリアのＤＮＡ配列を比較しました。臨淄の現

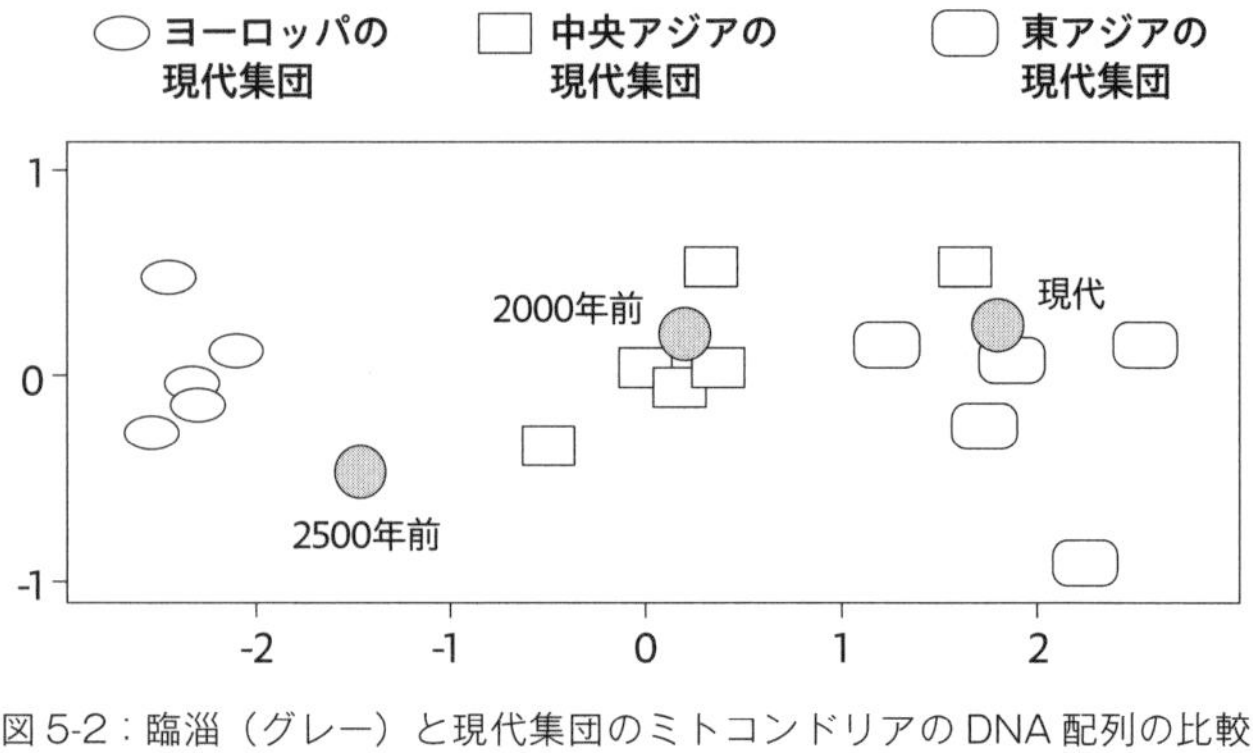


図 5-2：臨淄（グレー）と現代集団のミトコンドリアの DNA 配列の比較
Wang et al（2000）より引用・改変

代人はもちろん東アジアの現代集団の中にありますが、2500年前の配列はヨーロッパの現代集団に近く、2000年前の配列は中央アジアの現代集団に近いことが分かりました（図5-2）。

つまり斉では、2500年前はヨーロッパに近いグループが、2000年前は中央アジアに近いグループが主な勢力で、そして次第に漢族に近いものに変わっていったという可能性が考えられます。西から東へと民族が移動し入れ替わってきた歴史を示した、古いですが貴重な論文データといえます。

# 秦の中華統一

## 秦の勢力拡大

さて、図5－3は、紀元前260年ごろの春秋戦国時代の勢力図です。

「中原」と呼ばれる韓・魏・趙の人々は、東の東夷《とうい》、北の北《ほく》狄《てき》、西の西戎《せいじゅう》（犬戎）、南の南《なん》蛮《ばん》という文化的に低い「蛮族」を指導し、中原のような文明国に引き上げなければならないと考えていました（中華思想）。

燕は東夷で、斉ももとはというと東夷です。楚は南蛮、秦は西戎です。趙ですら、北狄である北方騎馬民族を仲間にしてい

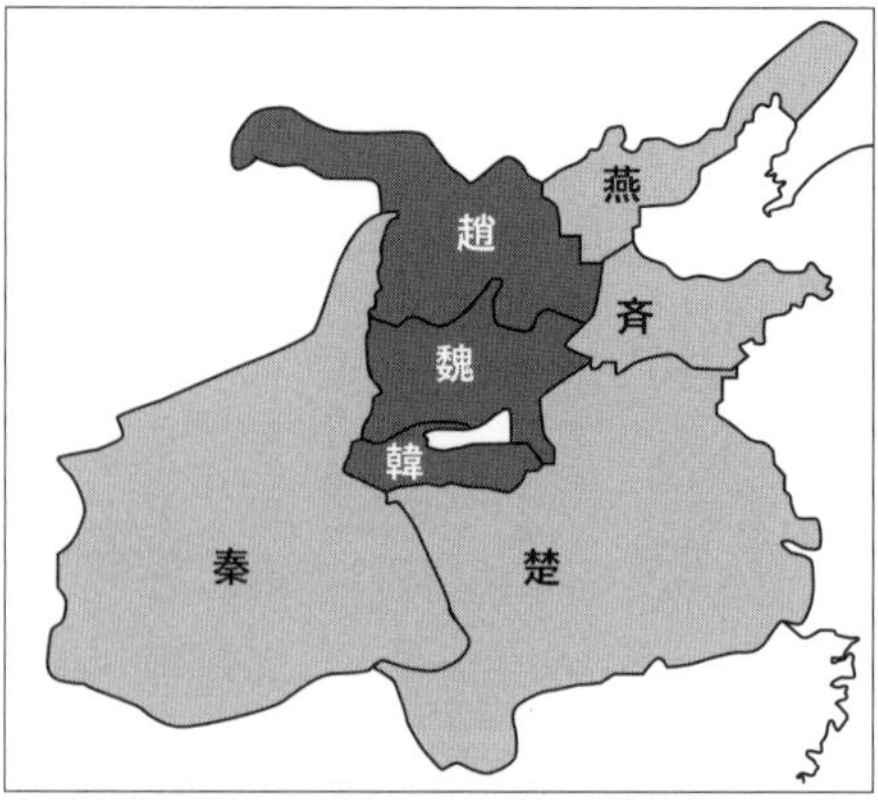


図 5-3：紀元前 260 年ごろの春秋戦国時代の勢力図
Wikipedia（© Philg88）より引用・改変

るので、韓や魏からすると北狄とされていたかもしれません。
このように、蔑視された秦は中原とは異質な国です。しかし、秦は西の北方騎馬民族とつながりがあることで、西アジアの高度な文化・技術を容易に取り入れました。

図5－4は春秋戦国時代の鉄鉱山の分布図で、黒丸は鉄鉱山があったと考えられている場所です。当時、まだまだ鉄の加工は困難で、低温で溶ける青銅器の方が多かったようですが、西の技術を取り入れられる秦は有利な立場にあったと考えられます。[※11]

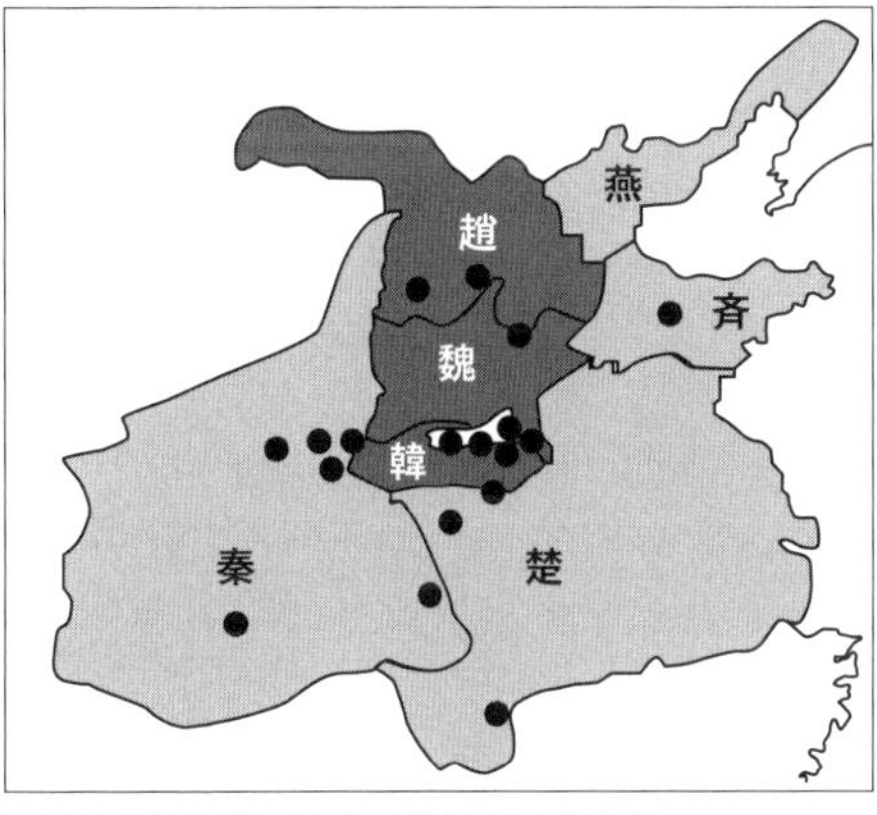

図5-4：春秋戦国時代の鉄鉱山の分布図
岸本（1982）より引用・改変

また、秦は周の孝王に仕えた非子の子孫が統治しており、王族であるかどうかなどの血統にこだわりませんでした。その結

※11　漢の時代になって鋳造製鉄の技術が進歩したときには、製鉄の中心は燕に移ります。しかし、春秋戦国時代にこれだけ鉄鉱山が開発されていることを考えると、鉄の優位性が認識されてきた時代であると考えられます。

果、家柄や職業の相続制などにもこだわる必要がなく、徹底した富国強兵政策を進めることができました。※12

例えば、中央アジアのシンタシュタ遺跡からは、現在のところ最も古い二輪戦車がみつかっています。その戦車が秦に伝わり、強力な武器になりました。※13このような武器も西側から入ってきて、秦に優位にはたらいたと想像されます。

## 始皇帝の中華統一

さて、紀元前262年~紀元前260年には秦と趙の間で長平の戦いが起こります。

秦の白起《はくき》将軍が部隊を率いて圧勝し、趙の20万の部隊は降伏します。しかし、勝利した秦軍も国力をほぼ費やし、捕虜に与える食料などの余裕もありませんでした。また、白起は趙を亡ぼすことも考えていたため、捕虜を生かしておけば将来恨みを残すと考え、少年兵を除いて生き埋めにしてしまいました。

しかし、白起は秦の宰相の范雎《はんしょ》に活躍を妬まれてしまいました。范雎の

---

※12　政治家の商鞅《しょうおう》が軍事的に有益な数々の改革を主導しました。

※13　殷の時代の殷墟や秦の時代の兵馬俑《へいばよう》からも、二輪戦車がみつかっています。

進言に従った秦王の命を受け、撤退を余儀なくされます。そして、范雎によって残虐さが誇張され、趙の人々に「45万人を生き埋めにした」と恨まれ、白起は最後には自害に追い込まれてしまいました。※14

ある意味では、白起は市民の虐殺が理由ではなく、味方であるはずの范雎の陰謀で殺されたといえるかもしれません。

なぜこの話を書いたのかというと、紀元前259年に、後の秦の始皇帝になる嬴政《えいせい》が誕生しますが、嬴政の父※15はこの長平の戦いの休戦協定で人質として趙に送り込まれたのです。嬴政はそこで生まれ、長平の戦いに関して、趙の人々の秦に対する恨みの中で育ちました。

趙の大商人、呂不韋《りょふい》の活躍によって父は秦に戻ることができ、嬴政も苦難を経て秦に戻り、秦の第31代の君主（始皇帝）になります。彼はついに紀元前221年に中華統一を果たしますが、滅ぼされた国の人々の恨みは相当深いということを、身をもって体験して生きてきたといえます。

血縁を重んじると恨みは消えません。また、始皇帝は封建制（諸侯王に土地を与えてその土地を治めさせる）を廃して、中央集権的な郡県制を全

※14　当時の戦争では、敵を生き埋めにすることは当たり前に行われていました。例えば「四面楚歌」で有名な項羽は、秦の首都の咸陽《かんよう》を攻めたときに容赦なく20万人を殺害したといわれます。そうしなければ、生き残った人の恨みが国を滅ぼすこともあるからです。
※15　始皇帝の父親は秦の公子で、異人《いじん》といいます（秦に戻ると、荘襄王《そうじょうおう》と呼ばれました）。

国に施行しましたが、秦を中心とした中央集権体制にすると滅びた国の恨みを買います。

そのため始皇帝は、血縁相続の弊害を取り除くことを目的に、法家《ほうか》の思想を受け入れ、明文化した法律による支配を行い、最高権力者である始皇帝を除いて平等な社会を実現しようとしました。そして、どこの出身者であろうと平等に扱うようにしたのです。

しかし、それは儒家の否定でもありました。名門の王家からすると始皇帝による実力主義は「由緒ある血統」を否定するので、大きな不満となったでしょう。

漢の時代に書かれた『史記』では「始皇帝は焚書坑儒を行い、儒家を弾圧した」と書いてあります。しかし、当時の書物は竹簡であり、燃やすことはできません（竹は難燃なのです）。また、始皇帝は、儒家がもとにしている「伝説」に根拠がないと禁止しただけで、儒教を禁止したわけではありません。

なので、この逸話は間違いであり、始皇帝は現代でいうところのフェイクニュースを取り締まろうとしたのでしょう。だからこそ、未だに孔子の

『論語』も消されずに残っています。

このように、当時はありえないような物語をさも本当かのようにねつ造し、儒家の地位を上げようとした王家もいたと考えられます。

## 始皇帝の取り組み

始皇帝は度量衡[※16]・貨幣・文字の統一を行いました。漢字は始皇帝が統一した文字です。法律は文字によって伝えられるので、文字の統一が必要となったのです。

さらに、霊渠《れいきょ》という運河も作りました[※17]。これは、36の水門で水位を調節する灌漑施設です（図5-5）。水位が違うときに水をせき止め、水位を調整しながら進んでいく高度な技術が用いられ、現代でも使われています[※18]。位置としては当時の南蛮にあります。

図5-5：霊渠
写真提供：ふれあい中国（chinatrip.jp）

※16　長さと体積と重さのことです。
※17　長江の支流の湘江と、下流が西江へと流れる漓江を結ぶ運河です。
※18　パナマ運河などでも使われています。

ところで、法家の思想を広めることによって起こる王家の不満を反らすためには、共通の目的として「北狄」、「南蛮」の人々に対応する必要がありました。

「南蛮」については、領土拡張を狙いました。戦乱を起こさず秦の領土に併合するという目的で、霊渠を南蛮に建設したのではないでしょうか。また、上海付近の呉の女性職人が絹織物の優れた技術をもっていたので、それを秦の国全体で広めようとしています。蛮族と差別されてきた人々を「中華」に巻き込むことで、中原の力を弱めようとしたと想像しています。

一方「北狄」に対しては、共通の敵を作ることで国をまとめようとしました。万里の長城を作ったこともその1つで、匈奴などの北方騎馬民族が攻めてこないようにしたといわれ、非常に高度な技術が使われています。しかし、これも最近の研究ではそれほど高くない長城で、壁は家畜が乗り越えないくらいだったとされています。つまり、国境を定めようとしたようです。

その他、道路網の整備を行い、秦の首都の咸陽から北にまっすぐな道を作っています。広く直線的で、馬や馬車が高速で移動できるようになりました。

## 兵馬俑

秦となると、兵馬俑の話をしないわけにはいきません（図５－６）。兵馬俑とは、殉死した生け贄《いにえ》の代わりに埋められたとされる兵士および馬をかたどった人形です。兵馬俑のある陝西省《せんせいしょう》は、秦の古代の都の咸陽にあります。※19

始皇帝は８千体を超える兵馬俑を作り、中華統一後の争いを防ごうとしました。生け贄を廃止して人形を使ったことは、日本の埴輪にもつながるかもしれません。ちなみに、リアルな顔立ちは漢族に似たものが一番多くなっています。

この秦の馬について、遺跡の馬の骨のDNAからいろんなことが分かってきました。

図 5-6：兵俑と馬俑

※19　長安（西安）の北西の隣にあります。

馬俑の馬の体高[20]は、134センチメートル以上が大半です。先ほど始皇帝が度量衡を統一したことを書きましたが、それに基づくと1尺は23センチメートル、1寸は2・3センチメートルです。秦では法律で軍馬の大きさが規定され、5尺8寸以上と書かれていますので、133・4センチメートル以上ということです。馬俑の大きさは軍馬の規程にちゃんと合格しており、馬俑の馬たちが実物大だとすると、法律上の基準に則っていることになります。まさに、法による支配が徹底されていたのです。

現代の分類では、体高147センチメートル以下の馬はポニーなので、馬俑は小さめのポニーが多いということになります。写真をみてください。人の像とくらべて小さいですよね。

しかし、それにも理由があります。馬に乗るときに足を置くところを鐙《あぶみ》といいますが、馬俑にはそれがありません。鐙がない時代、大きな馬に乗るのはたいへんだったと思われます。

人が歩くときは、右足が前に出るときは左手が前に出ます。馬はどうかというと、乗馬クラブで馬に乗ると分かりますが、速足では、同じく普通の馬も右の前肢と左の後肢が同時に前に出ます（「斜対歩」といいます）。

※20　馬の体高は「キ甲」と呼ばれ、地面～首の付け根（項点）までの高さで示します。

この歩き方だと、馬に乗っていると上下にすごく揺れます。それをうまく乗りこなせるように、「軽速歩」といって、馬の背中が上にいったときに人が立って、下にいったときに座るというのを繰り返すと、人も馬も楽になります。

図5－7は、葛飾北斎の「冨嶽三十六景　隅田川関屋の里」という浮世絵です。四肢の動きをよく見てください。左右それぞれ、前後の肢が同時に前と後ろに出ていますね。

このように、日本の在来種（和種）の馬は「側対歩」ができます。昭和のバラエティー番組で有名な「欽ちゃん走り」のように、右の前肢が前に出たときに右の後肢も前に出ます。こうすると上下に揺れず左右に揺れるので、荷物を運ぶときや長距離の移動でも馬の肩を痛めないし、人も乗りやすくな

図5-7：葛飾北斎「冨嶽三十六景 隅田川関屋の里」
（東京都江戸東京博物館所蔵）
画像提供：東京都江戸東京博物館 /DNPartcom

ります。

しかし、秦の馬は斜対歩しかできないことが分かっています。上下に揺れる、かつ鐙がない時代だったので、軽速歩なんて乗り方もできません。

実は側対歩は、馬のＤＭＲＴ３という遺伝子が変異していて、左右のバランスを取れなくなっているからこそできる走りです。これは、あくまでも人間の勝手で「荷物の輸送に便利」とか「速歩の移動で疲れない」ということで広まっていった遺伝子の異常です。ポニーを中心にこのような遺伝子の異常をもった馬は、全世界的に今でも重宝されています。[※21]

そして、ゲノム解析データから秦の馬のＤＭＲＴ３遺伝子を調べた結果、その異常がみられません。つまり、秦の時代の馬にはまだこの側対歩ができる遺伝子異常は広まっていなかったのでしょう。

他にも、秦の時代の古代馬の遺伝子から、当時の馬産地は陝西省より西北でウイグルまでを含む領域だったことが明らかになりました。つまり、殷の時代に、中央アジアの馬がウイグルを通じて中国西北部に入ってきたのです。

秦の法律には、馬の労働量に応じて雑穀を食べさせることや、社会制度

※21　長距離でタイムを競うエンデュランスレースなどで、この側対歩ができる道産子（北海道和種の馬）が重宝されています。

として牛馬専用の飼料を徴収していたことも書かれています。ここからも、秦は西（中央アジア）の文化をいち早く取り入れていたのが分かりますね。

## 劉邦と項羽 〜漢王朝の成立〜

始皇帝の行った皇帝と官僚による統治は、よい政治が行われれば、間接的な王族による支配が排除されるので民衆の支持を得られます。その一方で、政治の全責任を皇帝が背負うことになります。

紀元前２１０年、始皇帝が亡くなります。しかし、宦官の趙高《ちょうこう》と丞相の李斯《りし》が共謀して皇帝の死を伏せ、皇帝の詔書を偽造し、本来なら皇位を継ぐべき太子の扶蘇《ふそ》ではなく、末子の胡亥《こがい》を新しい皇帝にしたのです。[※22]

しかし、紀元前２０９年７月、強制的に徴兵されて北部国境の防衛に向かうはずの農民９００人が、中国史上最初の農民反乱を起こしました。反乱は各地の農民に支持され、たちまち広がり、秦の中央集権制度は崩壊の危機に直面しました。[※23]

当の胡亥は遊びほうけ、趙高はねつ造の容疑によって李斯を処刑して胡

※22　扶蘇は自決に追い込まれました。趙高は操られやすい胡亥を皇帝にすることで、皇帝を操って権力を思いのままにできると考えたのです。

※23　陳勝と呉広がリーダーとなったので「陳勝・呉広の乱」といいます。道中に大雨にあい、定められた期日に目的地に到着することができず、法律により処刑される恐れから「どうせ死ぬなら」と思い切って決起したのです。

亥を操り、権力を欲しいままにしました。趙高は胡亥まで自殺に追い込み、子嬰《しえい》を擁立しますが、その際に趙高自身も殺害され、もはや秦王朝の力は地に落ちてしまいました。

楚の庶民出身で身分の低い官吏の劉邦、楚の将軍家の血筋の項羽は、秦を倒すために競って立ち上がりました。

「最初に関中に入った方がその地の支配権を得る」として一時的に手を組み、紀元前206年、10万の兵を率いた劉邦が先に関中に入り、秦の首都の咸陽に迫ると、3代目の秦王の子嬰は劉邦に降伏し、秦王朝は滅亡しました。1カ月遅れで、40万の兵力で項羽も関中に入りました。

取り決めがあったにもかかわらず、咸陽に入った項羽は劉邦を疑って殺害しようとしたばかりか、秦の王である子嬰とその一族を殺し、都城を焼き払うなど、残虐を極めました。そして項羽は咸陽にとどまらず、自身の主君の楚王を立てて、自分を西楚の覇王として江南に退き、劉邦は漢王としました。劉邦は約束を破られたものの、形の上では甘んじ、そこを足場にして力を蓄えることにしました。

しかし翌年の紀元前２０５年、項羽が楚王（義帝）を殺害したことをきっかけに、劉邦は項羽を討伐する軍を起こします。楚漢戦争と称される最終決戦がついに開始されたのです。

劉邦は魏・趙などと連合し、56万の大軍を率いて楚の彭城《ほうじょう》を占領しました。しかし、３万の精兵を率いて急行した項羽はこの大軍を一蹴し、20万余りを殺戮します（彭城の戦い）。

しかし、紀元前２０２年12月には、劉邦陣営に新たに加わった韓信などの活躍もあり、項羽軍の兵は少なくなり、兵糧も尽きてきました。このときに四面楚歌の言葉が生まれたといいます。[※24]

その後も、敵とみればことごとく殺していった項羽は支持を失い、劉邦に味方が増えていき、とうとう項羽は自らの首を刎《は》ねて死にました。享年31でした。[※25]

秦によって滅ぼされた楚の再興を狙い、一時的にしろ２人は手を組みました。項羽はあくまで楚のために将軍として戦ったのに対し、劉邦は中原の王たちをも引き込んで戦い、最終的には楚の英雄ともいえる項羽を倒したことになります。

---

※24　このときに、城の四方から項羽の故郷・楚の歌を聞いた項羽は「漢は皆已に楚を得たるか？ 是れ何ぞ楚人の多きや（漢の軍はすでに楚を占領したのか？ 城の外の敵になんと楚の人が多いことか）」と嘆いたとされます。

※25　劉邦は、最後まで抵抗した魯の地で、魯公の礼をもって項羽を葬りました。その際、劉邦は項羽の墓前で泣いて去ったと伝えられています。

劉邦は、かつて項羽が封じた漢王の名前をそのまま使って漢王朝を開き、初代の皇帝である高祖になりました。

秦の中央集権的な郡県制に対して、漢の体制はもともとの郡県制に加えて半独立国として諸侯王に治めさせる地方（諸侯国）も作り並立させるもので、郡国制と呼ばれます。

劉邦が漢王朝を開いたとき、最初は功を立てた臣たちを諸侯王・列侯にして、新たに長安に城を造営し、秦をもとにした官制の整備などを行いました。

しかし劉邦は、王朝が自分の子孫に継承されるかを憂い、反対勢力となりえる韓信などの功臣の諸侯王を粛清していきました。そして自らの親族を諸侯王として、「劉氏にあらざる者は王たるべからず」という体制を構築しました。

# 大陸の遺伝子と歴史

## Ｙ染色体ハプログループＯ２の繁栄

劉邦と項羽、このように熱い戦いを繰り広げました。しかし、今までみてきた内容を考えると不思議な部分があるはずです。

楚は黄河流域ではなく、長江流域で稲作文化を作った人々です。その人たちのＹ染色体ハプログループは、Ｏ１ｂ１ではないかと考えられています。

**図５－８**にＹ染色体ハプログループＯ１ｂ１の分布を示しますが、ちょうど長江から南の方です。

つまり、ついに大国となった漢が、戦いに

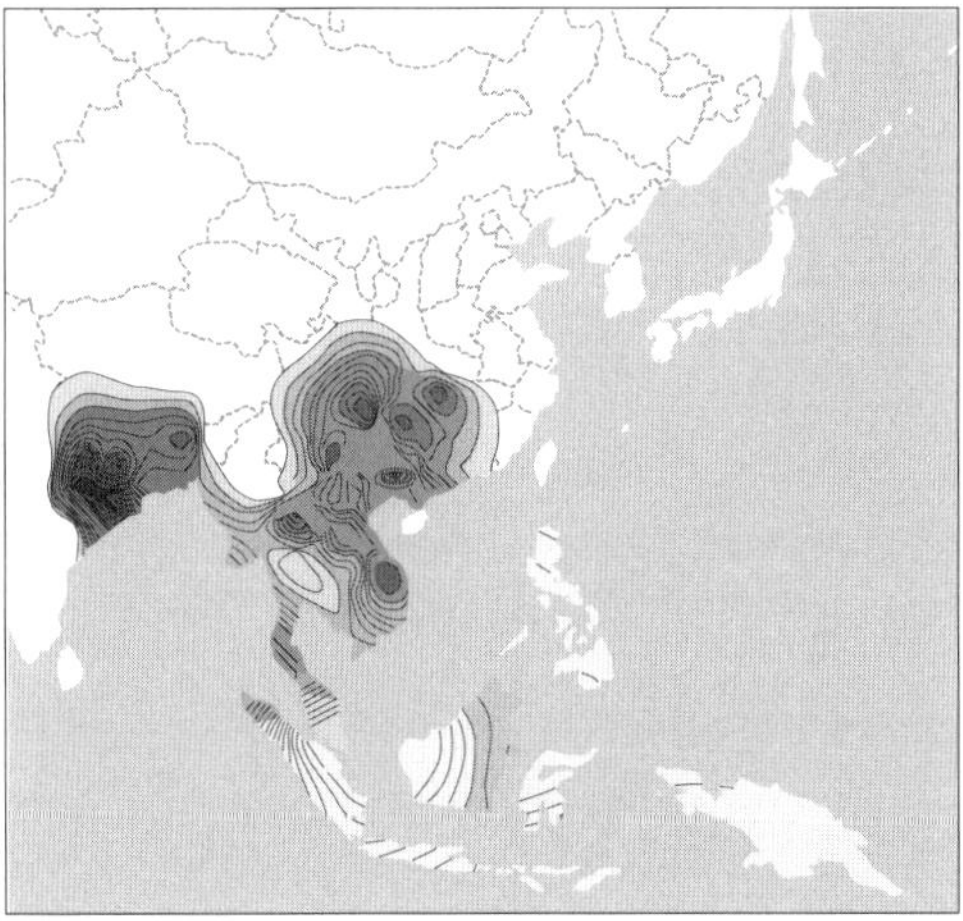

図 5-8：現在のＹ染色体ハプログループ O1b1 の分布
Cai et al（2011）より引用・改変

勝利した楚の人々が中心の国になっていたら、O1b1の割合が高くなるはずです。

それが、第4章の現代人のY染色体ハプログループ（図4-5）の割合をみると、中国華北（漢族）ではO1b1は6・8％だけです。東南アジアでは17・6％、韓国で2・7％、日本でも0・8％です。すでにお話ししたとおり、漢族で圧倒的に多いのはO2です。

この謎については、漢王朝の歴史にヒントが隠されています。

劉邦が亡くなると、第2代皇帝の恵帝[※26]の生母で、皇后であった呂雉《りょち》が政治の実権を握ります。呂雉は第3代、第4代の皇帝をつけますが、第3代皇帝を殺害、さらに第4代の少帝弘《しょうていこう》は恵帝の血を引いていないともいわれています。

呂雉は諸侯王となっていた劉邦の子たちを粛清、そして自らの親族を要職に付けて王位に上らせ、外戚政治を行うようになります。

呂雉が紀元前180年に亡くなった後、名君の第5代の文帝の時代にな

※26　恵帝は性格的に弱く、政敵を次々と残忍な方法で殺害する母に衝撃を受け、失望のあまり酒に溺れ、若くして崩御します。

り、やっと民を富ますような政策が行われました。

　しかし、中央の王朝はこのようなゴタゴタした状態が続いていたので、郡国制の整備で生まれた諸侯王の勢力が強くなっていました。文帝による生産力の回復は中央の勢力を増大させましたが、同時に諸侯王の勢力も強くしてしまったのです。


　紀元前157年に文帝が亡くなると、第６代の景帝は諸侯王の過誤をみつけてはこれを口実に領地を没収していきました。

　その結果、諸侯王たちの反発によって呉《ご》楚《そ》七国《しちこく》の乱(紀元前154年)が起こります(図５-９)。

　濃いグレーが諸侯王の治めていた領地、グレーが漢が支配していた領地です。黒地に白字の呉、楚などの７国が反乱を起こしますが、鎮圧されます。呉や楚の影響力はここでなくなり、Y染色体ハプログループO1b1のグループは中央から脱落していくことになります。

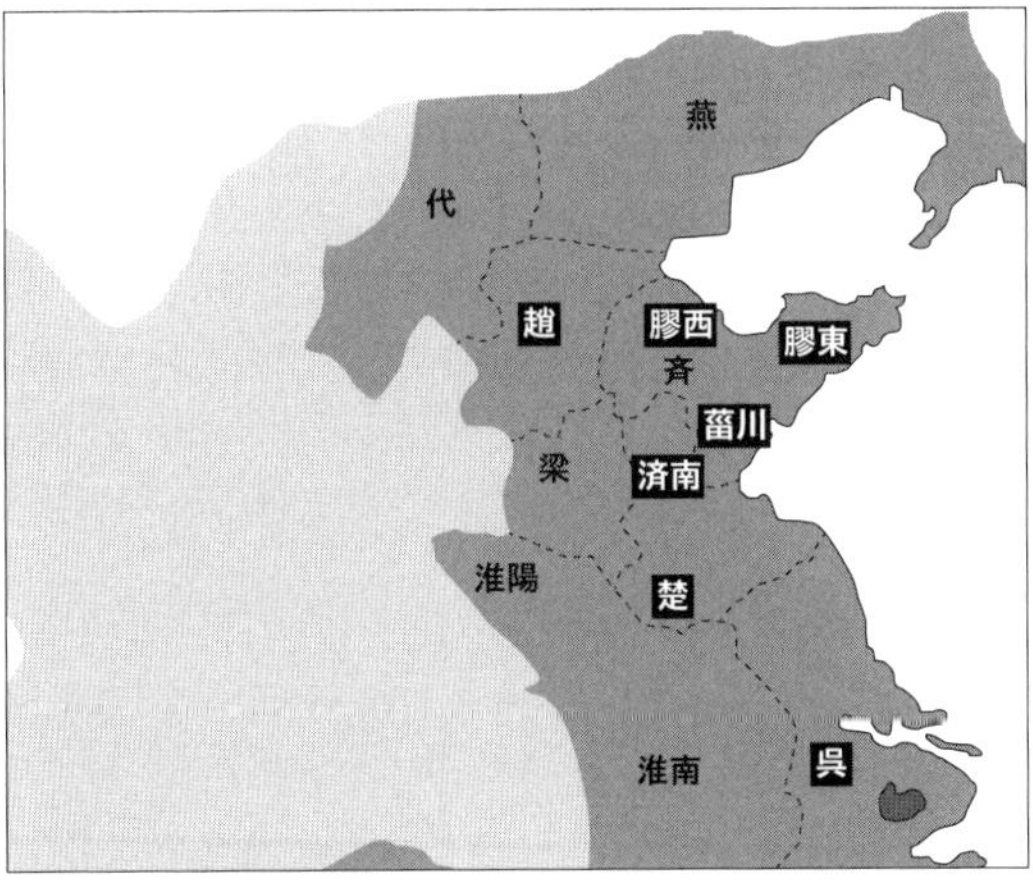


図 5-9：呉楚七国の乱
Wikipedia（©俊武）より引用・改変

ここで地方の諸侯王が没落し（封建制の崩壊）、中央集権の郡県制が強まりました。中原を中心とした漢族の官僚の力が地方に広まることになり、結果としてＹ染色体ハプログループＯ２の影響力が地方にも広がっていったとも考えられます。

もう一度図5－1をみてください。

黄河流域では、西周の時代は周王家の男系血統のＹ染色体ハプログループと考えられるハプログループＱの人々が40・９％、それに対して農民または農民からのし上がった兵士に多いと考えられるＯ２が27・３％でした。それが、漢の時代になるとＯ２が１００％になって、王家のハプログループＱは完全に脱落しています。

春秋戦国時代は、西戎といわれた秦が中華統一を果たしました。しかし、始皇帝は秦の人を優先して登用したわけではなく、積極的に中原の漢族を登用しました。兵馬俑の兵士の顔つきは漢族が一番多かったことからも、このことが分かります。

そして漢の時代に封建制が復活し、郡国制になりますが、呉楚七国の乱で地方の諸侯王の影響が消えると、秦の時代の中央集権的な郡県制に戻ります。皮肉にも、遺伝子の観点からみると、中原にいた漢族が大きな影響力をもつようになったと考えられます。

ちなみに、ここで中央から脱落したＹ染色体ハプログループＯ１ｂ１は日本と韓国で多いＯ１ｂ２と近縁のグループであり、稲作との関係でも興味深い人たちです。このことについては、次の章でご説明します。

# 第6章

# 弥生〜古墳時代

## 伝播する遺伝子と文化

# 伝播する稲作

## 弥生時代のはじまり

弥生時代のはじまりは、水田稲作のはじまりと定義されています。以前は、水田稲作は紀元前3世紀から始まったとされていました。しかし、もっと前から水田稲作が始まっていたと分かり、弥生時代は紀元前10世紀から、つまり今からおよそ3千年前から始まったと考えられるようになりました。

縄文時代中期（約5500～4400年前）は温暖で、今よりも海面が高く、関東でも今にくらべて東京湾はかなり広がっていました。[※1] そして、7300年前のアカホヤ大噴火の影響もあり、東日本に人口が集中していました。

その後に寒冷化が起こり、縄文後期～晩期にかけて現在の海岸線に近づいていきます。定住していた縄文人にも大きな影響があり、東北地方は寒

※1　最終氷期の後に温暖化し、縄文時代に現在の海面より高くなったことを「縄文海進」といいます。

くて住みにくくなり、西日本を中心に稲作が行われるようになっていったようです。おそらく最初は、焼畑農業で陸稲を栽培していたと考えられています。※2

## イネの栽培とY染色体ハプログループO

イネの栽培種は、大きく分けてジャポニカ米とインディカ米があります。ジャポニカ米は日本でよく食べられているもちもちした米です。インディカ米は細長くてちょっとパサパサした感じで、タイ米などが代表的です。

野生イネにはＯｒ‐Ⅰ、Ｏｒ‐Ⅱ、Ｏｒ‐Ⅲという品種がありますが、ゲノム解析の結果、野生種のＯｒ‐ⅢからジャポニカT米が、野生種のＯｒ‐Ⅰとジャポニカ米の影響を受けてインディカ米が栽培種となったことが分かりました。

そして、中国南部の珠江がＯｒ‐Ⅲの発祥地だということも明らかになりました。そこから栽培種として西へ、東南アジアからインドへと伝播したのがインディカ米で、北の長江、そして日本へ伝播したのがジャポニカ米です（図6‐1）。

※2　岡山県の朝寝鼻《あさねばな》遺跡（縄文時代前期、６～７千年前）や姫笹原遺跡（縄文時代中期、約５千年前）からは、イネの「プラントオパール」（植物の痕跡）が発見され、稲作が行われていたことが明らかになりました。しかし水田稲作だったかは謎で、最初は焼畑による稲作だったのではないかと考えられています。

Y染色体ハプログループOは、Y染色体ハプログループNから派生し、C、D系統の人々を駆逐しながら、北方から南下してきたグループです（口絵4、図6-2）。

O2は漢族となり、その後、O1aは台湾・オセアニアに南下し、その後北上してO1bになっていったと考えられています。そして、これらの稲作文化は、特にこのY染色体ハプログループO1bの人々が大きくかかわっていると考えられます。

インディカ米の分布域である中国南部〜東南アジア・インドにかけて、Y染色体ハプログループO1b1の人が多くいます。

一方、日本と韓国に渡ったのはO1b2です。非常に古い時代に渡ってきたO1b1が地理的に隔離されることで変異が蓄積し、O1b2に分かれたと考えられます。

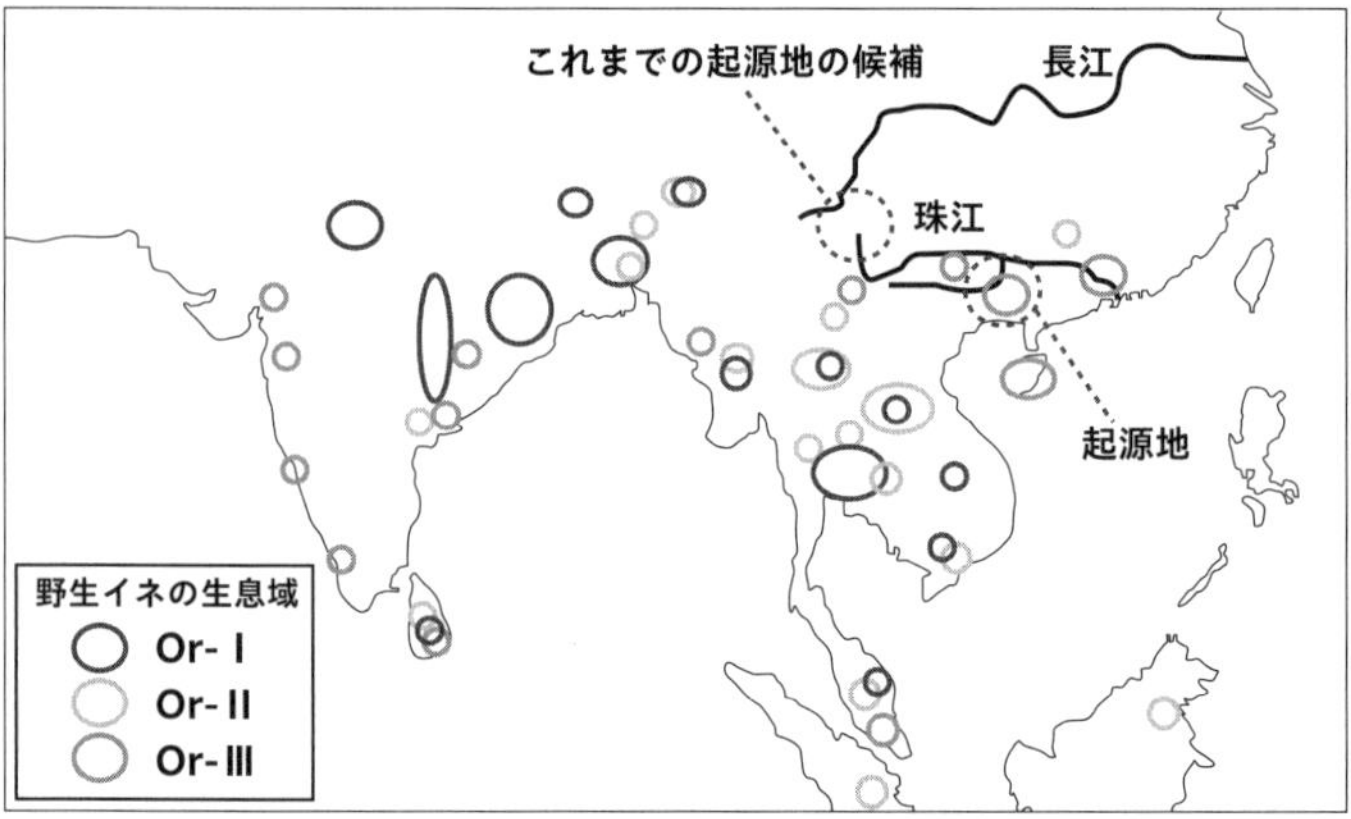


図6-1：野生イネのグループ別の生息域と栽培化の起源地
倉田ほか（2012）より引用・改変

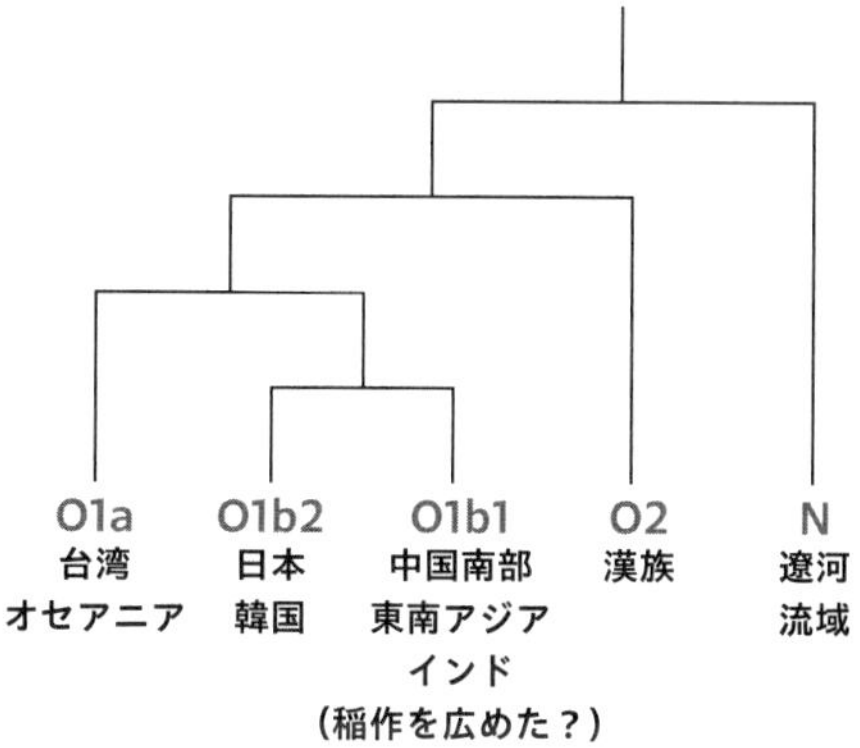


図6-2：Y染色体ハプログループOの派生
金平（2022）より引用・改変

ところで、マウスは穀類を食べるため、農耕文化をもつ人類とともに移動します。そのため、このような人々の移動は、マウスのミトコンドリアゲノムの解析からも分かります※3（図6－3）。

マウスの「MUS－1」という系統は中央アジアの方からやってきて、黄河流域、そして朝鮮半島を渡って日本に至っています。おそらく、畑作を行う粟などの穀類が黄河流域の文化・技術とともに日本に伝来したのでしょう。

マウスの「CAS－1」という系統は、長江流域から西はインド方面、東は日本、ウラジオストクなどのある沿海州方面にも3500年前に移動

※3　ネズミは、ハツカネズミのような小型のマウス（mouse）とドブネズミのような大型のラット（rat）に区別されます。

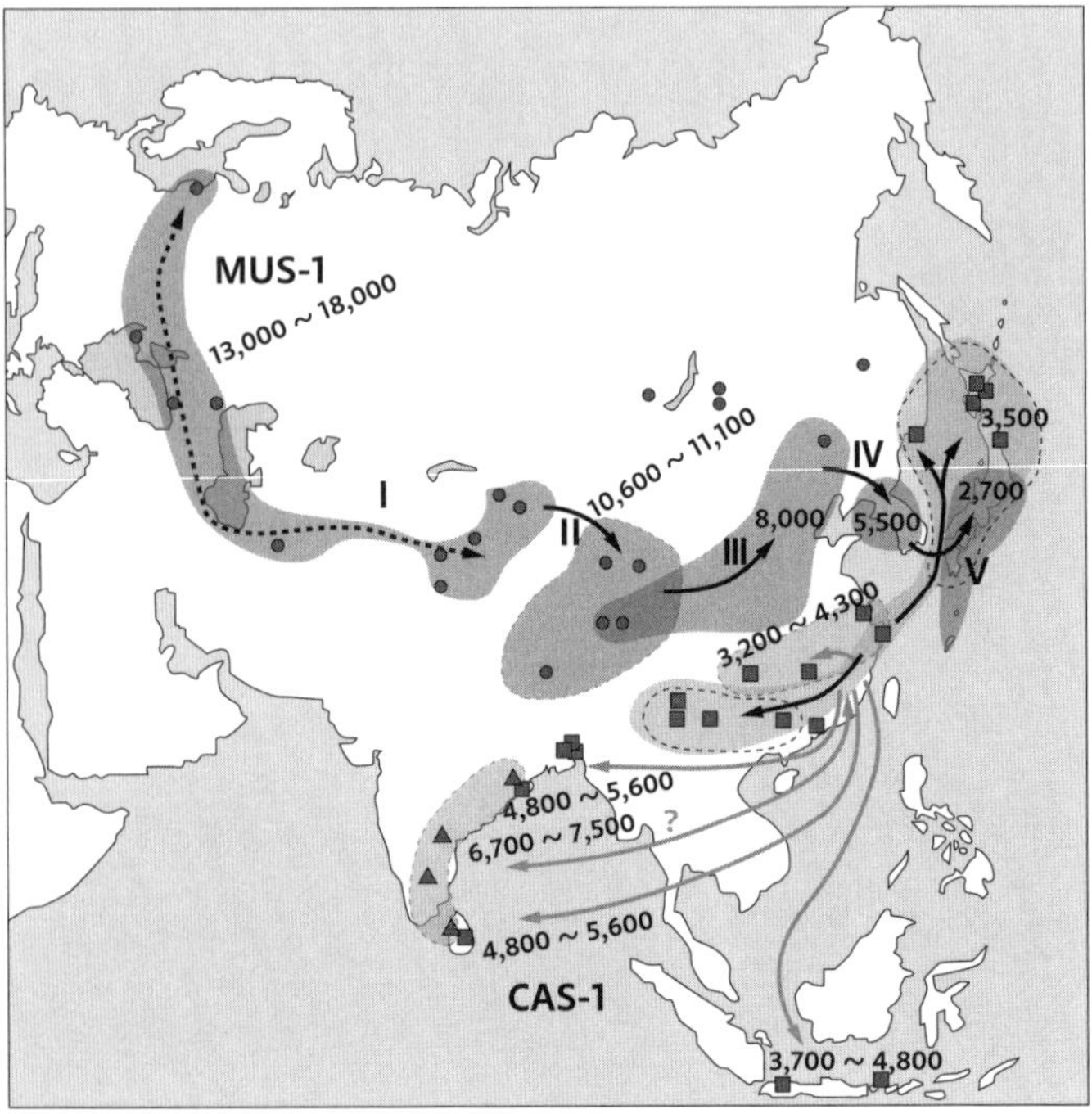


図 6-3：CAS-1・MUS-1 系統のマウスの移動
数字は、矢印の移動があった時期（年前）を示す。
Li et al（2021）より引用・改変

したと推定されています。[※4] おそらく３５００年前には長江の河口、上海あたりから北九州を経て、対馬海流で日本海を北上し、リマン海流で南下する船の「定期」航路があったのでしょう[※5]（第４章でご説明しました）。

九州方面へは、２７００年前にマウスが大陸から渡ったと推定されています。九州には頻繁にO1b2の人が渡ったため、マウスも北海道や沿海州のルートの種より新しい種に置き換わっていったのでしょう。

でも、２７００年前以降も引き続きマウスは渡っていそうなのに、もっと新しい系統のマウスに置き換わっていないのはなぜでしょうか？

その答えは、猫です。

長崎県のカラカミ遺跡から猫の骨がみつかり、放射線年代測定を行ったところ、紀元前2世紀ごろのものであることが分かりました。マウスが船に乗り込むと穀物などに被害があるので、弥生時代にはすでに猫も一緒に乗せ、米を保存する高床式倉庫の近くに住まわせていたのでしょう。そのため、渡ってくるマウスが激減したのではないでしょうか。

※4　この数字は、系統樹解析でミトコンドリアの進化速度から推定されたものです。
※5　しかも、この CAS-1 系統のマウスは大陸の華北地域や朝鮮半島を通らずに直接日本に来ています。ここからも、稲作が直接日本に伝わったことが分かります。

## 渡来人と日本

ところで、もし渡来人[※6]が日本に大量に渡っていたら、日本はその集団の言葉を使っているでしょう。[※7]しかし、日本では依然として日本語の原型ともいうべき縄文語が使われ、大陸とはまったく違う言葉になっています。

第4章の図4－5を見てください。Y染色体ハプログループO1b2は日本と韓国に特徴的でしたね。先ほどお話ししたとおり、O1aのグループから分かれて長江、さらには日本・韓国に、稲作とともに広がりました。しかし、ゲノムの主成分分析をみると（第4章、図4－8）、東北や西九州でみつかった弥生時代の古代骨の解析結果は、大陸の人々（中国人、ベトナム人）より日本の縄文人に似ていました。つまり、第5章でご説明した、大陸でみられたような争いやそれによるY染色体ハプログループの画一化は日本では起きておらず、混血が進んだことが分かります。

日本にいると民族が混ざり合うことをあまり不思議に思いませんが、例えばミャンマーでは約70％を占めるビルマ族の他、カチン族、カヤー族、

※6　「渡来」はただ渡ってくることを意味しますが、「帰化」は渡ってきてその国の人になることを意味します。

※7　スペイン人が渡った中南米ではスペイン語を、ポルトガル人が渡ったブラジルではポルトガル語を使うように強制されました。同様に、イギリス人が渡った北米では英語、フランス人が渡ったカナダの一部ではフランス語が使われています。

カレン族などの135の民族が独自に生活し、それぞれが民兵組織をもち、争いが絶えません。[※8] アメリカのロサンジェルスも同様に様々な民族がコミュニティを作り、独立しています。筆者の私も、お互いのコミュニティのルールを尊重して守るように注意されたことがあるものです。

つまり、日本のように他の民族がやってきても受け入れ、民族が混じり合うのは、世界的に見ると「奇跡」のようにまれなことです。[※9][※10]

**コラム**

## 米の品種改良

朝鮮半島で日本より古い水田稲作の証拠がみつかっていないこと、黄河流域や朝鮮半島は寒冷で畑作に向き、稲作に向いていないことから、稲作が朝鮮半島から伝わったということは否定されるようになってきました。

実際に、今でも中国の南部ではお粥などの米が主食ですが、北部では米より小麦を使った北京料理[※11]が食べられています。ただし、インディカ米は

---

※8　ミャンマーという国家を民主的に統一できない難しさの理由となっています。

※9　日本人がY染色体ハプログループO2の漢族と混じり合ったのは、弥生時代より後です。O2は最終的に古墳時代以降に日本に帰化し、対立することなく交わっていくことになります。

伝統的に好まれており、香港料理などでは白米が出てきます。

また、民族の嗜好の問題かもしれませんが、ジャポニカ米は主に日本で好まれているようです。最近では中国東北部でジャポニカ米が盛んに作られていますが、これは1970年代の日中国交回復後、日本が東北地方のイネを持って稲作指導を行ったためです。また、多くの日本企業が進出して上海周辺でも作られるようになりましたが、長江以南で作られていたのは主にインディカ米だったようです。

今でこそ北陸や東北の米はおいしいですが、昭和初頭の北陸米は「鳥またぎ米」と言われ、まずい米でした。雪深い北陸や寒冷地の北海道で米を作るには早い時期の収穫が必要なので、極早生《ごくわせ》という、成熟の早い品種が必要でした。したがって、じっくり育つ西日本の晩生《おくて》の米にくらべておいしくなりませんでした。

それを可能にしたのが「水稲農林1号」というイネ品種です。※12「水稲農林1号」は敗戦直後の食糧危機から全国で食べられるようになり、北陸の「水稲農林1号」がおいしいと広がりました。北陸や東北でおいしい米が

---

※10　Y染色体ハプログループO1b2は、すでに縄文中期には帰化人として渡ってきました。7300年前には九州、沖縄あたりに多く住んでいます。アカホヤ大噴火で朝鮮半島に渡ったことも重要です。

※11　ジャージャー麺などの麺料理や、マントウ（蒸しパンの一種）などがあります。

※12　新潟県農事試験場で、並河成資《なみかわしげすけ》と鉢蝋清香《はちろうせいこう》が作り上げました。それらをさらにおいしく開発したのが「コシヒカリ」などです。

作られるようになったのは、戦後になってからです。

コラム

## 製鉄技術

興味深いことに、製法によって、鉄器も2つのルートで日本に渡っています。

1つ目の製法は「鋳造製鉄」です。これは中国の中原で生まれた方法で、高温で溶かした鉄を鋳型に流し込んで鉄製品を作ります。青銅器を作る鋳造の発展系として、華北地方独自の製法として生み出されたと考えられています。日本では、紀元前10世紀ごろに鋳造製鉄の製品を輸入していたと考えられています（福岡県石崎曲り田遺跡）。

鋳造製鉄は安く、大量に製品を作り上げられるというメリットがありますが、鉄は1500℃と高温にしなければなりません。しかし、炭素を混ぜると1200℃くらいで溶けるようになるため、おそらく華北での鋳造製鉄も炭素などの不純物が混じって、それより低い温度で溶かしていたと考えられます。[※13] 炭素が多いと鉄は固くなりますが、もろくもなります。強度が低くなるので、肉厚にしなければならないという欠点があります。また、溶けた鉄を冷やすときに気体成分が泡として出るので、除かなければいけません。

もう1つの製法は、「鍛造製鉄」です。これは、アナトリア（現在のトルコ）で生まれた方法で、鉄を叩いて鍛えます。ヨーロッパの製鉄もこの方法で、アナトリアからインドなどの南方を経由して長江に渡り、日本に伝わり、「たたら製鉄」になったと考えられています。

「たたら製鉄」では、刀鍛冶が真っ赤に熱した鉄を叩いて鍛えます。鋼を叩いて鍛えることで鉄の純度が上がり、材料の粒子が微細化されて大きさも均一になるため、強度を上げることが可能です。

日本ではなかなか鉄鉱石が手に入らず、朝鮮半島（加羅《から》［朝鮮半島南部

※13　純粋な鉄なら1500℃くらいにしないといけませんが、コークスなどの石炭で炭素濃度を高めないと、ここまでの高温にできません。当時はおそらく木炭が使用され、1200℃くらいが技術的限界だったようです。

にあった諸小国、かつては任那《みまな》とも呼ばれた」など）から鉄を輸入していましたが、砂鉄で製鉄を行うようになって鋳造製鉄が廃れ、鍛造製鉄の「たたら製鉄」が広がっていったようです。

　いずれにしても、ここからも日本と長江との結びつきの強さが感じられます。

# 神代、そして、天皇の世紀

## ヤマト王権の誕生

弥生時代にはヤマト王権が誕生します。

その話をしていく前に、軽く大陸の歴史をおさらいしておきましょう。

周が紀元前11世紀に成立し、紀元前8世紀ごろから春秋時代、さらに紀元前5世紀ごろから戦国時代になります。紀元前221年に秦が中華を統一しますが、紀元前206年に滅び、漢の時代になります。

ここで、おそらく漢を逃れて逃げた秦の人々が朝鮮半島に「辰」という国を建国することになります。

そして、辰韓、弁韓、馬韓という国家が半島にできると、いよいよ日本も「我々の国にも、大陸や朝鮮半島のような国家が必要ではないか?」と考えるようになってきたと思われます。

## 神武天皇はいつごろの人なのか？

神武天皇は『古事記』・『日本書紀』（後述）に登場する日本の初代天皇です。大和国を平定した最初の人物とされ、実在しないともいわれています。そんな神武天皇は、現在の宮崎県で生まれ、東へ進んで奈良へと移動し、ヤマト王権を樹立したと伝えられています。

さて、『日本書紀』巻第三（神武紀）によると、この神武天皇の東進について、こう記されています。

> 戊午《つちのえうま》の年、春の2月11日に、東征軍はついに東に向けて（岡山の「高嶋宮《たかしまのみや》」を）出発した。前の船の後ろの部分である「とも」と後ろの船の前の部分である「へさき」が接するほど多くの船が続く。いよいよ「難波《なにわ》の碕《みさき》」に至ると、とても速い潮流に遭遇したために、その国を「浪速国《なみはやのくに》」と名付けた。3月10日に、その急流をさかのぼり、河内の国の草香の邑《むら》の青雲の白肩《しらかた》の津に至る。

つまり、東に進む中でちょうど流れが早い潮流に出くわし、そこをさかのぼっているようです。実は考古学的な手法で、この時期が実際にいつなのかについて解明することができるのです。それについてお話ししていきましょう。

高層ビルを建てるときは、地下の岩盤層を調べてから足場を築かないと、建物が地震などで傾いたり倒壊したりする危険性があります。そのため、必ず「ボーリング調査」という地盤調査を行います。地面を掘削して、そこから採取した土から地盤を調べるのです。

そして、地下の層を調べて出てきた地層に含まれる炭化物（数千年前の貝殻など）から、炭素14による年代測定を行うことが可能です（第1章を参照）。例えば、その場所が海だったのか淡水の湖だったのかなども正確に調査できます。

長浜浩明氏はビル建設をしてきた一級建築士です。[※14] 長浜氏はボーリング調査などの資料を参考に、大阪の地下の層で潮の満ち引きがあったところを調べ、かつての大阪平野の大部分が陸地から海になっていることを示し

※14　㈱日建設計に入社して建築にかかわり、2008年に退社した後、大阪の調査を行いました。

ました。

梶山彦太郎氏と市原実氏は、『大阪平野のおいたち』という本の中で、大阪平野の変遷を次の7つに分けて詳細な地図を描いています。

①古大阪平野の時代（約2万年前）
②古河内平野の時代（約9000年前）
③河内湾Ⅰの時代（約7000～6000年前）
④河内湾Ⅱの時代（約5000～4000年前）
⑤河内潟の時代（約3000～2000年前）
⑥河内湖Ⅰの時代（約1800～1600年前）
⑦河内湖Ⅱの時代～（約1600年前以降）

つまり、最初に大阪には平野があり、そこが一度海となり、やがて干潟となり、淡水の湖となり、涸《か》れて今の大阪平野ができあがったということになります。長柄砂州（現在の上町台地）が伸びて、海水よりも雨水が供給される量の方が多くなり、淡水湖になったのでしょう。

このとき、大陸が海（海水）から湖（淡水）に変わるタイミング、つまり干潟が広がっているときに河川ができます。

神武天皇が「3月10日に、その急流をさかのぼり、河内の国の草香の邑の青雲の白肩の津に至」っているのは、川をさかのぼったからでしょう。

これは③や④の時代ではありえない記述になります。また、それ以降の⑥や⑦の時代でもこうはなりません。潮の満ち引きが神武天皇の東進の話と合うのは、⑤の時期しかないのです。

図6-4は、⑤の時代の大阪平野を示しています。干潟なので満ち引きがあり、干満の差は2メートルくらいです。満潮時には黒い線の南側が陸地になります。

「淡路新町」とあるところの、およそ2260年前の地層からチリメンユキガイが出土しています。この貝は汽水域（干潟）に生息するので、このあたりは淡水と海水が混ざっている場所だったと推定できます。

そして、「森ノ宮」、「日下《くさか》」では淡水に生息するセタシジミが出土しています。つまり、ここは淡水域だったということになります。

一方、現在の新淀川は昔はありませんでしたので、現在の上町台地にあ

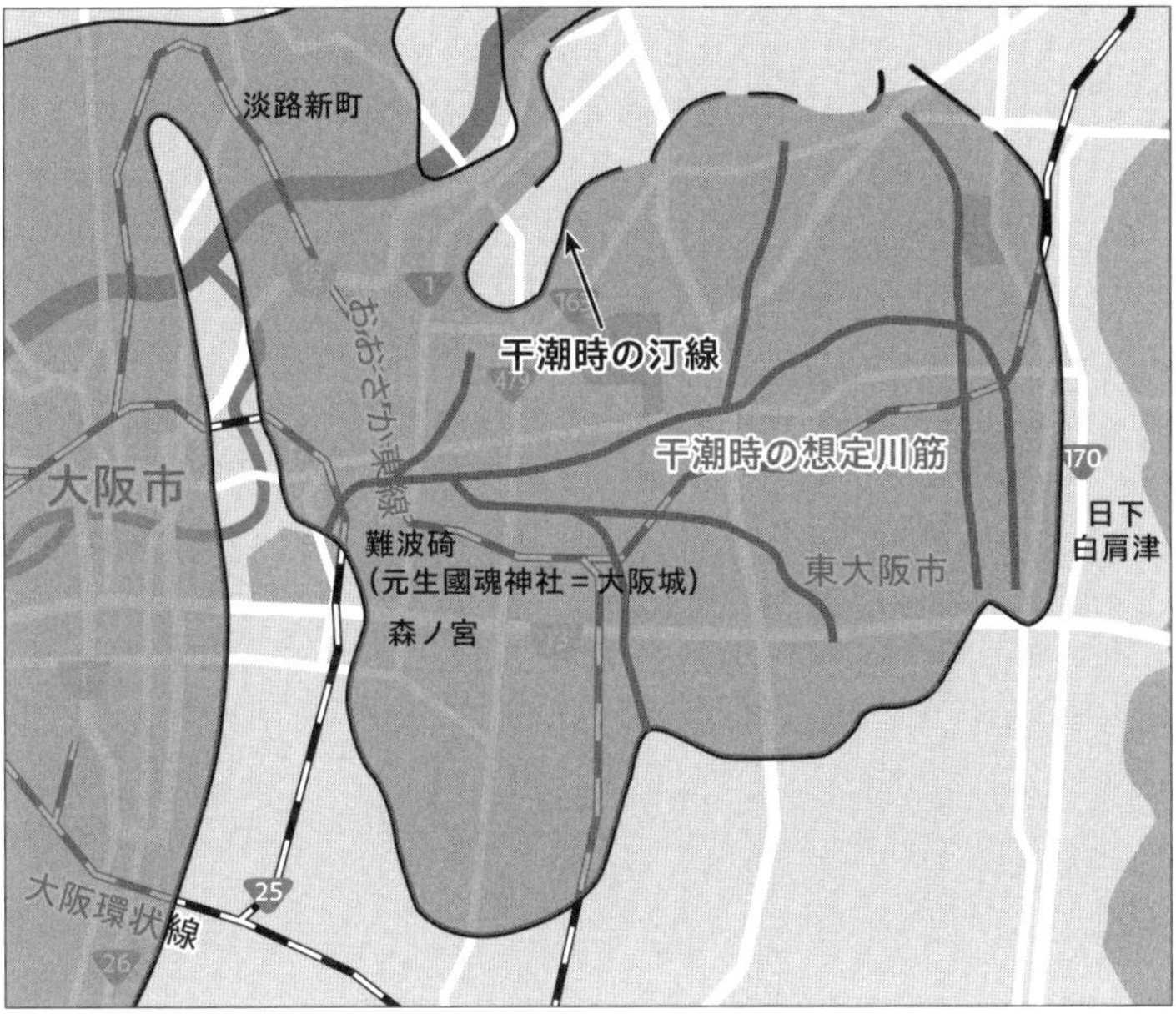


図6-4：⑤の時代の大阪平野
梶山ほか（1986）を参考に筆者作成

る崇禅寺駅、南方駅、新大阪駅あたりは砂州で、ちょうどその北の神崎川あたりまでが湾の入口になっていました。そのため、神武天皇は「難波の碕」に至ると、非常に速い潮流に遭遇して、現在の大阪城あたりまで吸い込まれるように流されたのでしょう。

つまり、神武天皇がこの地に東進してきたのは約3千~2千年前（紀元前10世紀~紀元後1世紀）となるわけです。実際に、かつては現在の大阪城あたりにあり、大阪城を作るにあたって移された生國魂《いくくにたま》神社には、神武天皇が大阪にやってきたという史料が残されています。

## 邪馬台国の女王「卑弥呼」はヤマト王権と関係ない！

卑弥呼は邪馬台国に居住し、大乱を治め、「倭国の女王」と称された人物です。『魏志倭人伝』によると、卑弥呼は魏に使者を送り、239年に「親魏倭王」とされ、247~248年ごろに亡くなったとされます。

そのころにはすでにヤマト王権が開かれていたため、この女王「卑弥呼」も邪馬台国も、ヤマト王権とは関係ないということになります。

卑弥呼が鎮めたとされる倭国大乱（2世紀末）の争いの痕跡を残しているのが、第4章でもご説明した、鳥取県にある青谷上寺地遺跡です。

この遺跡は2世紀ごろの遺跡で、数十体の殺傷痕のある人骨がみつかっています。日本では、殺傷痕のある人骨が存在する遺跡はここだけです。

その人骨の中で男性のものから、Y染色体ハプログループを調べると、Oが1体、Dが1体、C1が2体でした。OはO1b2かもしれません。その他の3体は縄文系です。つまり、遺跡は弥生時代のものではありますが、もともと日本にいた縄文系の人々が殺されているのです。

しかし、ゲノム解析を行った国立遺伝学研究所の斎藤成也氏は、「東北の縄文系の人々と現在の島根県人の遺伝子は似ている（縄文系の人々は根絶やしにされたわけではなく、おそらく生き残り、島根県人の遺伝子の中に受け継がれて残っている）」としています。このように縄文人の男性は殺されていますが、最終的には島根県に縄文人に近い人々が残っているのです。

ただし、ミトコンドリアハプログループ（女性）の方は、渡来系の人々が多かったようです。おそらく、機織りなど女性の職人が多くいたのかもしれません。

倭国大乱の結果、戦った縄文人男性は殺されました。しかし、徹底的に征服者が被征服者を殺害する、または奴隷にするというような戦いではなかったようです（『古事記』や『日本書紀』にも想像できる記述があります）。

日本でも確かに国家が必要となりましたが、日本が（国家の統治の在り方として）力による統治を否定したのは、この倭国大乱の苦い経験があったからだと想像します。

遺跡に残された縄文人の「想い」が、その後の民族間の争いに巻き込まれずに続いている日本となったことを考えると、殺傷痕のある亡くなった人々の魂に祈りを捧げたくなります。

## １３７歳まで生きた神武天皇!?

『古事記』によると、1代目の神武天皇は１３７歳、10代目の崇神天皇は１６８歳、15代目の応神天皇は１３０歳まで生きたことになっています。

名前に「神」をもつ天皇は[※15]、まさに「神」だから長生きしたということで

※15　諡《おくりな》といいます。

しょうか？

いやいや、違います。

実際、南朝・宋の歴史家の裴松之《はいしょうし》（372〜451年）は、「倭人は歳の数え方を知らない。ただ春の耕作と秋の収穫をもって年紀としている」と書いています。

第4章のコラム「三内丸山遺跡の暦」で書きましたが、日本の人々は縄文時代から春分と秋分を大切にしてきました。古代日本では、春分の日、秋分の日という「分ける」日で歳を数えるので、1年で2つ歳をとるようでした。

これは26代目の継体天皇のころまでの日本の伝統だったのですが、15代目の応神天皇のころから大陸の文化が入ってくることで、暦も伝わり、日本でも大陸の暦（干支）に合わせるようになったのでしょう。※16

先にご説明した建築士の長浜氏は、これらの春秋歴や『古事記』・『日本書紀』の違い、さらに、半島と大陸で記された古文書の記録などを注意深く分析し、**図6-5**のように天皇の在位を推定しています。

※16　春秋歴のころはもちろん干支のことは分からなかったでしょう。そして『古事記』・『日本書紀』の時代（天武天皇と持統天皇の時代）に、大陸の暦を取り入れて物語を作ったのでしょう（取り入れると他国に「先進国」と思ってもらえます）。ただし神代の時代には、年代から推測するとおかしなできごともたくさんあります。

『古事記（712年）』・『日本書紀（720年）』は奈良時代に成立した日本で最も古い史書とされています。

『古事記』は万葉仮名で書かれた、国内の人に読んでもらうための文書です。

対して『日本書紀』は漢文で書かれた、公的かつ国際的に通じる正書です。今でいうところの、英語で書かれた外交向けの文書ですね。[※17] そのため「日本は優れた国である」と示さなければいけないので、漢文で書くだけでなく、表記にも大陸の暦（干支）を取り入れました。

かつては今使われている

| | 天皇名 | 在位期間 | | 天皇名 | 在位期間 |
|---|---|---|---|---|---|
| 1 | 神武天皇 | BC70 ～ BC33 | 14 | 仲哀天皇 | 351 ～ 355 |
| 2 | 綏靖天皇 | BC32 ～ BC15 | | 神功皇后 | 356 ～ 389（摂政） |
| 3 | 安寧天皇 | BC14 ～ BC 1 | 15 | 応神天皇 | 390 ～ 410 |
| 4 | 懿徳天皇 | 1 ～ 17 | 16 | 仁徳天皇 | 411 ～ 428 |
| 5 | 孝昭天皇 | 18 ～ 59 | 17 | 履中天皇 | 429 ～ 431 |
| 6 | 孝安天皇 | 60 ～ 110 | 18 | 反正天皇 | 432 ～ 433 |
| 7 | 孝霊天皇 | 111 ～ 148 | 19 | 允恭天皇 | 434 ～ 454 |
| 8 | 孝元天皇 | 149 ～ 177 | 20 | 安康天皇 | 455 ～ 457 |
| 9 | 開化天皇 | 178 ～ 207 | 21 | 雄略天皇 | 458 ～ 480 |
| 10 | 崇神天皇 | 208 ～ 241 | 22 | 清寧天皇 | 481 ～ 485 |
| 11 | 垂仁天皇 | 242 ～ 290 | 23 | 顕宗天皇 | 486 ～ 488 |
| 12 | 景行天皇 | 291 ～ 320 | 24 | 仁賢天皇 | 489 ～ 498 |
| 13 | 成務天皇 | 321 ～ 350 | 25 | 武烈天皇 | 499 ～ 506 |
| | | | 26 | 継体天皇 | 507 ～ 534 |

図 6-5：長浜氏によって推定された天皇の在位期間
長浜（2019）より引用・改変

※17　日本は、もともと大陸の国から「倭国」と呼ばれていました。「日本」という国名を対外的に宣言したのは 41 代目の持統天皇（690 ～ 697 年に在位）です。「日本」書紀では、いよいよ「日本」を正式な国名とし、世界へ船出しようとしていたのです。

西暦のような表現方法があったわけではないので、もともと日本で伝わっていた「神武○○年」に干支を加え、60年周期ではありますが、いつごろの話か分かるようにしたのです。※18

このように、世界に対する日本の歴史を表すために、奈良時代の役人は大陸の干支に合わせて、暦を慌てて計算したのでしょう。

さすがに「天皇がこんなに長生きしたのはおかしくない？」とは思ったでしょうが、なるべく早く示さないといけませんので、「日本の昔の年齢は数え方が違う」なんて精査するのは時間がかかりすぎて、無理です。奈良時代の役人はそのまま大陸の干支を使って、日本独自の春秋暦を無視したのでしょう。

実際に、『古事記』と『日本書紀』の2つの中でも天皇が亡くなったときの年齢がずれていることが多くあります。『古事記』と『日本書紀』が書かれたときにはすでに大陸の暦が用いられていたので、春秋暦とゴチャゴチャになっているのでしょう。

長浜氏は、『百済本記』などが『日本書紀』にも記録されていることを

※18　明治時代でも、奈良時代と同様、世界に日本の起源を今度は西暦で示す必要がありました。『日本書紀』をもとに紀元前660年に神武天皇が即位したことにして、「皇紀」という年号を作ったのです。2024年は皇紀2684年です。

利用して、百済の年号を大陸の年号へ変換し、神武元年、つまり神武天皇の即位を紀元前70年としています。[※19]

これは、ボーリング調査の項でお話しした、神武天皇がこの地に東進してきたのは約3千~2千年前というのにも合致しますね。

さらに、『日本書紀』には「崇神天皇5年に疫病が流行り、全国の半数の人が亡くなった」と書かれています。長浜氏によると、崇神天皇の在位は208~241年です。「崇神5年」を春秋歴で考えると2年半、つまり、210年ごろのこととなります。

この疫病が腸チフスなのか、天然痘なのか、あるいは他の疫病なのかは分かりません。しかし、あくまでも私の個人的な推定ですが、腸チフス菌をもったマウスが日本にやってきたのではないでしょうか?

『三国志』で有名な後漢末期の軍人、曹操はご存知でしょうか。[※20]「赤壁《せきへき》の戦い(208年)」の当時、中国では疫病が流行しており、曹操軍は疫病で敗れました。後漢末の動乱を生き抜いた医師・張機《ちょうき》は、この伝染性の病気に対する治療法を『傷寒論《しょうかんろん》』に記しています。この『傷寒』とは、腸チフスを意味する中国語(繁体文字)です。[※21]

---

※19　神武天皇が最初に開いた都は、『日本書紀』に「磐余《いわれ》の地の旧名は、片居《かたい》または片立《かたたち》という。大軍集いてその地に満《いは》めり。因りて改めてその地を磐余とする」と記述があります。神武天皇の名称にも神日本磐余彦と「磐余」が含まれています。「磐余の邑《むら》」は奈良県の桜井駅の南の小高い丘にあります。

※20　当代随一の兵法家で、魏の始祖です。

腸チフス菌はサルモネラ菌の仲間で、ネズミが媒介し、ネズミの糞から感染が広がります。猫にも感染するので、日本にやってきた船に猫がいても広がる可能性があります。長江から日本への航路があったことは、この章のはじめでもしましたよね。

これらがあまりにも年代的に近いので私はそう考えていますが、事実かどうかの証明はなされていません。

ともあれ、このあたりは素直に『日本書紀』を信じて考えてよいように思います。

※21　簡体文字では「伤寒」といいます。

コラム

# オキシトシンとセロトニン

『古事記』の中でアマテラスは、大国主命《おおくにぬしのみこと》に対し
「汝《なんじ》がうしはける葦原中国《あしはらのなかつくに》には、私（アマテラス）の御子がしらす国であると任命された。汝の考えはいかなるか？」

と問い、国譲りを迫ります。

「うしはく」は「力で支配する」という意味で、「しらす」は「民に寄り添い、民のことを知り、民の幸福を祈る」という意味です。力による統治ではなく、民を想い慕う統治をすべきであるので、国を大和（アマテラスの御子）に譲りなさいとしています。

このような「国譲り」には、日本が男系の皇室の系統から天皇を選ぶようになっても、大陸や半島のような力による統治ではなく巫女的な統治をすべきであり、そうすれば「倭国大乱」のような諍いは起きないという意味も込められているように感じます。

ところで、第4章の最後でもお話ししたとおり、日本は天災がとても多い国です。地震を例にすると、阪神淡路大震災、東日本大震災では多くの人が亡くなり、その後も熊本地震、能登半島地震と巨大な地震が起こっています。海外では、そのような災害があると略奪なども普通に起こりうるようですが、日本では助け合う「絆」の強さがあり、すごく賞賛されています。

実は、このように相手のことを想い助け合う文化は、日本人の遺伝子からも説明できます。

時間をさかのぼってみましょう。古生代、哺乳類型爬虫類[※22]の時代に、動物は本能が発達しました。

まず、敵が現れる兆しを感じると扁桃体が興奮し、コルチゾールが出ます。そして、いよいよ敵と闘うことになったときにはアドレナリンが出て、「闘うか逃げるか」を瞬時に判断し、大脳辺縁系の本能的衝動で闘います。それがうまくいったときにご褒美として出るのがドーパミンという物質です。ドーパミンは体内で分泌される神経伝達物質で、強い歓喜をもたらしてくれます。

※22　現在、学校では「単弓類」と教えられています。

中生代の恐竜の時代になると、哺乳類は生き残るため、オス同士がメスをめぐって闘っている場合ではなくなりました。哺乳類の大脳が大きくなって、同種どうしで仲間意識が芽生え、集団で、とりわけメスや子どもを守ろうとする社会になっていきます。

ここで、FoxG1という大脳新皮質が大きくなるのを抑えていた遺伝子が壊れて、大脳新皮質が哺乳類で発達していきました。このとき「オキシトシン」という物質が前頭前野（指揮者の脳）を中心にして大脳新皮質へと変えていき、理性が生まれます。

大脳辺縁系の本能的衝動（怒りなど）を鎮めて、冷静になる（前頭前野のはたらき）には時間がかかります（「6秒ルール」などとも呼ばれます）。しかしこれにより感情を発達させ、仲間を想いやることができるようになったのです。そのときに出るのが「セロトニン」というホルモンです。セロトニンは「幸せホルモン」ともいわれ、私たちの心を穏やかにし、幸せを感じさせてくれる物質です。

そして、このセロトニンを再利用するのが「セロトニントランスポーター」というタンパク質をコードする遺伝子です。※23

※23　仲間との絆を大切にしないと（オキシトシンが出ないと）セロトニンは作られません。セロトニントランスポーターは、セロトニンの再利用をするものです。

セロトニントランスポーターには、セロトニンの再利用が多いL型と、再利用が少ないS型の２種類があります。両親から遺伝子を受け継ぐので、遺伝子の型はSS型、SL型、LL型の３種類の組み合わせがあります。

日本人はSS型が世界で最も多く、全体の68・２％を占めます（LL型は１・７％）。一方、アメリカ人のSS型は18・８％です（LL型は32・３％）。

うつ病は、セロトニンが不足した状態です。WHOは２０１７年にうつ病の人口における割合を報告していますが、アメリカでは５・９％で世界同率４位、日本では４・２％で世界１１５位でした。アメリカは個人主義が非常に強い国で、常に競争のストレスにさらされていますが、日本では助け合うことでオキシトシンが出て、新たなセロトニンがたくさん作られるのです。

日本で「うしはく」関係（相手を支配するか、支配されるような関係）を望まない人が多いのは、「絆」を大切にして、大きな困難をみんなの力で乗り越えてきたことが遺伝子に反映されている証拠とも考えられます。

「しらす」は天皇の統治のしかたを示す言葉です。今でも天災があると、天皇と皇后が被災地に行かれ、被災された人々に声をかけられているのをみると、自然と私たちも被災者に想いを寄せているかと思います。そのときにオキシトシンが出て、セロトニンの合成を促進するのです。そして、そのような統治者が歴史的に慕われてきたので、日本でセロトニントランスポーターS型が増えてきたという背景があります。

また、オキシトシンは大脳新皮質の前頭前野のはたらきを活発にするので、オキシトシンを出しやすい日本人は理性的になりやすい国民性であるともいえます。

江戸時代の剣術家、宮本武蔵と佐々木小次郎の決闘「巌流島《がんりゅうじま》の戦い」では、素早い一撃を浴びせた宮本武蔵の勝利で終わりました。なぜ、武蔵は勝ったのでしょうか?

実際のところは分かりませんが、よく言われる話では、武蔵はわざと遅れて島に到着し、そして小次郎が剣の鞘を投げ捨てたときに「小次郎、敗れたり!」と突っ込んだとされています。

このとき、待たされた上に「敗れた」とまで言われた小次郎の怒りはマックスだったでしょう。つまり、アドレナリンが大量に出て、本能を司る脳の大脳辺縁系の「怒り」がマックスになることで、理性を失ってしまったのです。この時点で、大脳新皮質で冷静に判断できた武蔵が勝ったのでしょう。

日本の武道では冷静さが要求され、相手の力を借りて相手を倒します。合気道も古武道の一部ですが、相手が力で押したときに、すっと力を抜いて、冷静な判断をした上で相手を倒します。これは理性的でないとできない、オキシトシンの為せる技といえます。

コラム

## 縄文時代末期に人口が激減したのは本当？

この章のはじめでお話ししましたが、弥生時代は、現在ではおよそ3千年前（紀元前10世紀）ごろに始まったとするのが一般的になっています。

しかし、そうではないとしている研究もあります。

東京大学の大橋順氏らのグループは、縄文時代の終わり～弥生時代に起きた人口減少を調べるため、日本人男性のY染色体ハプログループの解析を行いました（図6－6）。

上の系統樹は、Y染色体ハプログループD1をもとにした系統樹です。点線をみると、2500より少し右、つまり今より2300年くらい前（紀元前300年ほど）を弥生時代のはじまりとしています。

また、このときから系統樹が急に分かれています。大橋らはボトルネックがここにあると推定し、その直前、つまり縄文時代末期～弥生時代に急激な人口減少が起こったとしています。図6－6の下が推定される人口です。

大橋らは、この系統樹とは別に日本人男性のY染色体ハプログループO2、つまり漢族の系統樹の解析をしていますが、そこではこのような急激な人口減少がみられませんでした。つまり、日本の縄文人だけが人口減少を起こしていたわけです。

この調査では、縄文人の人口減少の理由は縄文時代の急激な寒冷化によるものと考えています。それに代わって、大陸から日本にやってきたY染

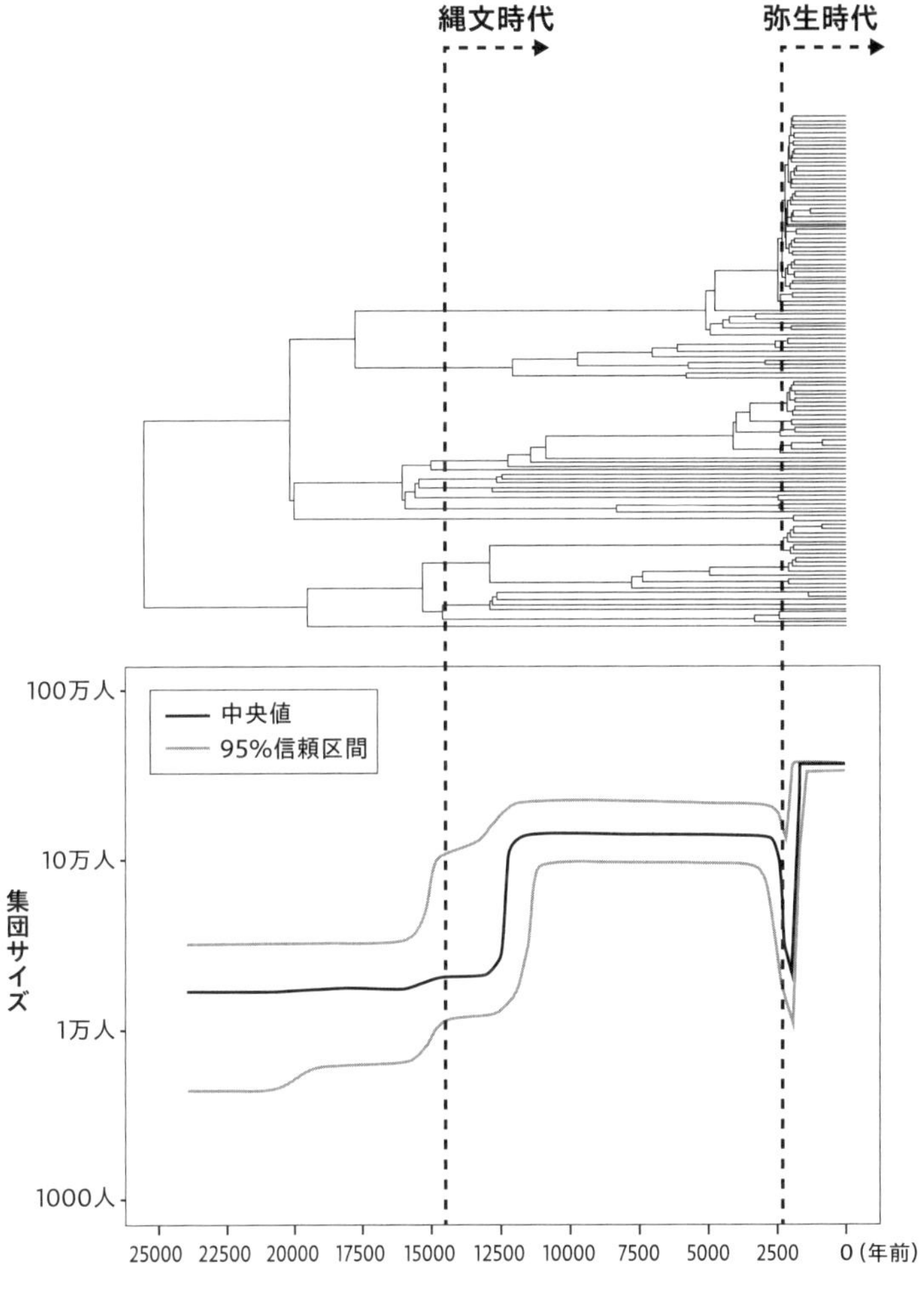


図 6-6：Y 染色体ハプログループ D1 をもとにした系統樹と推定される人口
大橋ほか（2019）より引用・改変

色体ハプログループO2の弥生人が寒さに強い稲作を始め、稲作が全国に広がり、食糧危機がなくなって、人口が急増したとしています。そのため、すでに稲作があった漢族のO2には人口減少がみられません。

また、紀元前221年に中華を統一した秦は紀元前206年に滅びます。つまり、紀元前3世紀（春秋戦国時代末期）ごろから多くの漢族が朝鮮半島を経由して日本の北九州にやってきて、弥生人として稲作文化をもたらし、縄文人は東北と沖縄に追いやられたとしています。縄文人と弥生人は、対立的な関係として考えられています。


しかし、秦の時代にはすでに漢字が統一されていました。秦は法治国家。法家の思想による統治を行い、孔子による儒教を廃したのですから、もし漢族が朝鮮半島経由で北九州に逃れたのであれば、儒教や漢字もこのころ北九州に渡っているはずです。

つまり、春秋戦国時代末期～秦の時代に、日本に漢族（O2）の王族や地位の高い人が逃げてきたとして、[※24]戦乱を生き抜いた王族たちが縄文人を南北に追いやったというのであれば、稲作とともに儒教や漢字、言語ももたらされ、日本の母国語は中国語になっているはずです。漢族が大量に逃

※24　日本へは船がないと逃げられないので、庶民がやってくるのは難しいのです。

れたという説は説得力がありますが、その点では不可解です。

日本に儒教が伝わったのは、仏教より早いものの、513年（百済から五経博士《ごきょうはかせ》が渡日して以降）というのが定説です。

例として、紀元前5世紀~紀元後3世紀ごろの遺跡である佐賀県の吉野ヶ里遺跡は、高度な文化がみられ、おそらく当時の権力者もいただろうと考えられます。しかし北九州に渡ってきた漢族と争った記録はなく、儒教や漢字、竹簡や木簡が持ち込まれたという話もありません。鳥取県の青谷上寺地遺跡のように、大量に殺害されたとみられるような骨もみつかっていません。

一方『古事記』・『日本書紀』には、3世紀に疫病が流行り、人口の半数が亡くなったことが書かれています。この調査では人口の半数以上が亡くなったはずのこの疫病が捉えられていませんので、おそらく解析方法に問題があるのではないでしょうか。

日本に本格的に大陸の文化が入ってくるのは、15代目の応神天皇の時代とされています。そのときに、高い技術をもった人々（秦氏《はたうじ》）が大量に受け入れられ、[※25]漢字などの文字文化も入ってきました。漢族（O2）の人々が日本にやってきたのは、崇神天皇より5代後の応神天皇以降の世紀と考えるべきではないでしょうか？

つまり私は、この論文にはO2を弥生人と仮定した点で問題があり、急激な人口減少は2500年前ではなく1500年前で、それは3世紀（崇神天皇の時代）の疫病による人口減を表していると考えています。O2の漢族の人口減少がないのは、崇神天皇の時代はまだ漢族が日本にそれほど来ていないからだと考えると、すごく納得のいく説明になります。

さて、私は吉野ヶ里遺跡にはO1b2の人々が多かったのではないかと考えていますが、ちょうど斎藤成也氏らのグループが吉野ヶ里遺跡のゲノム解析に着手しています。これから色々なことが分かってくるでしょう。

※25　数万人あるいは15万人ともいわれます。

# 古墳と日本

## 前方後円墳はなんのため

古墳、特に前方後円墳（前が四角、後ろが円の形をしている古墳）は、ヤマト王権の象徴です。「天皇や豪族が自分の権力を示すために巨大な古墳を作った」と教わった方も多いのではないでしょうか。

例えば面積では、仁徳天皇陵（大仙陵古墳）は墳墓において世界最大の面積です。[※26]

奈良女子大学の全国古墳データベースで都道府県別に前方後円墳の数を検索すると、２０２４年４月現在、４８０９基の前方後円墳が登録されています（図6-7）。

この中で最も多いのが千葉県の６６５基、２番目は茨城県の４４９基、3番目は群馬県の３６０基です。そして、４番目がヤマト王権のあった奈良県の３０７基です。

※26　体積では仁徳天皇陵より応神天皇陵の方が大きいです。

| 順位 | 都道府県 | 前方後円墳の数 | 順位 | 都道府県 | 前方後円墳の数 |
|---|---|---|---|---|---|
| 44 | 北海道 | 0 | 19 | 滋賀県 | 95 |
| 44 | 青森県 | 0 | 12 | 京都府 | 121 |
| 44 | 秋田県 | 0 | 4 | 奈良県 | 307 |
| 42 | 岩手県 | 1 | 8 | 大阪府 | 192 |
| 30 | 宮城県 | 27 | 27 | 和歌山県 | 51 |
| 34 | 山形県 | 23 | 13 | 兵庫県 | 110 |
| 25 | 福島県 | 55 | 6 | 鳥取県 | 239 |
| 7 | 栃木県 | 217 | 11 | 島根県 | 124 |
| 2 | 茨城県 | 449 | 10 | 岡山県 | 161 |
| 3 | 群馬県 | 360 | 14 | 広島県 | 109 |
| 1 | 千葉県 | 665 | 32 | 山口県 | 26 |
| 17 | 埼玉県 | 101 | 37 | 徳島県 | 15 |
| 40 | 東京都 | 11 | 21 | 香川県 | 80 |
| 30 | 神奈川県 | 27 | 32 | 愛媛県 | 26 |
| 41 | 新潟県 | 6 | 42 | 高知県 | 1 |
| 28 | 長野県 | 49 | 5 | 福岡県 | 252 |
| 39 | 山梨県 | 12 | 24 | 佐賀県 | 58 |
| 15 | 静岡県 | 104 | 34 | 長崎県 | 23 |
| 20 | 愛知県 | 86 | 29 | 大分県 | 46 |
| 23 | 岐阜県 | 59 | 9 | 宮崎県 | 165 |
| 37 | 富山県 | 15 | 22 | 熊本県 | 67 |
| 26 | 石川県 | 54 | 36 | 鹿児島県 | 20 |
| 18 | 福井県 | 96 | 44 | 沖縄県 | 0 |
| 15 | 三重県 | 104 | | | 合計：4809 |

図 6-7：都道府県別の前方後円墳の数
全国古墳データベースをもとに筆者作成

「天皇や豪族が自分の権力を示すために巨大な古墳を作った」とすれば、ヤマト王権のあった近畿地方が一番多くなりそうです。しかし、データからは圧倒的に関東に前方後円墳が多いことが分かります。

また、ヤマト王権の権威を示すためだけにこんなに多くの前方後円墳を作っていたとしたら、民は飢えて、反乱が起こっていたことでしょう。しかも、関東の豪族が権威を示すようなことをしていたら、近畿のヤマト王権だって不穏な動きとして黙っていないでしょう。

## 水田を作るには

さて、一度古墳から離れて、水田の話をします。

（公社）米穀安定供給確保支援機構によると、日本全体の人口は、古墳時代には弥生時代（約60万人）の9倍の約540万人に達しました。

弥生時代の水田は、小さなものでは1区画約2～3平方メートル、非常に大きくても約50平方メートルでした。水田は完全に水平に作らないと水をちゃんと張ることができないので、大きな水田を作るのは難しいのです。

そのため、弥生時代の水田はたいへん小さい面積です。

しかし、水田を作ると連作障害を起こすような因子（土の中の病原菌や有害な寄生虫など）が水で流されるので、連作が可能になり、米の収穫量は飛躍的に伸びます。縄文時代の最大人口が27万人と推定されていることを考えると、確かに弥生時代には人口が２・２倍に増えています。

静岡県の登呂遺跡には、12カ所の住居跡があります。1つの住居に５人が暮らしていたと仮定すると、人口は60人です。このうち、1人が1日に米を3合消費すると、1石は１０００合なので、1年で1人あたり約1石の米が必要です。

そして、江戸時代において、1石を生産できる田んぼは1反です。60人だと60石、つまり、1年で60反（６町）の田んぼが必要になります。

登呂遺跡には75反（7町５反）の水田があり、ここから75石の米が収穫できます。これだけの水田があれば60人分の米は賄えるようにも思えますが、これは技術が発展した江戸時代におけるおよその収穫量です。弥生時代の水田では、かなりの数の休耕田や廃棄田もみつかっていますので、実際の収穫量はこれより少ないと考えられます。

その他にも、京都府立大学の佐藤洋一郎氏は、静岡県の曲金北《まがりかねきた》遺跡について紹介しています。[※27]そこでは3〜4畳の小さな水田が1万枚もみつかりました。それにもかかわらず、集落跡は見当たりませんでした。その水田には1平方メートルあたり90株を超える雑草が生えており、イネの株数は1平方メートルあたり15〜25株なので、もはやこのような水田からは米の収穫はできないでしょう。

稲作では、雑草に悩まされることが多いそうです。現代なら除草剤がありますが、それがない時代に、雑草を毎日取り除くのはたいへんな重労働です。また、肥料もない時代ですから、地力の低下も避けられなかったでしょう。

ところで、この章の最初でもふれましたが、弥生時代以前はおそらく焼畑農業で陸稲を育てていたと考えられています。そのため、焼畑農業のノウハウは弥生時代にもあったことでしょう。

具体的には、水田に雑草が多くなってくると違うところに水田を作り、いっそう雑草が生い茂って多様性が戻ってきたら焼き払うようにすると、燃やした雑草の灰が肥料となって地力が回復します。また、雑草は燃やせ

※27　東海道本線の東静岡駅近くにあります。

ばなくなるので、その土地を再び水田にできたと考えられます。つまり、3～4畳の小さな水田で行う弥生時代の水田稲作は、まだまだ生産性が低かったのでしょう。

では、現在のものに似た水田を作るためには、何をする必要があるのでしょうか？

まず、水田は1つ1つを完全に水平にして、一面を同じ水の深さにしなければなりません。日本は梅雨に雨がどんどん降るので、もし低い沼地を水田にしたら水没し、池になってしまうでしょう。

しかし、水を引き込むためには溜池と用水路が必要で、こちらには傾斜が必要です。他にも、水田を作るには森林を切り開いていかなければいけません。

ここまで挙げただけで、相当な「国家プロジェクト」が必要になります。

……もうお気づきかもしれませんね。それが古墳なのです。

## 古墳と水田

技術士（農業部門農業土木）の田久保晃氏は、技術者としてはじめて奈良の前方後円墳（崇神天皇陵）をみたときに、こう考えたそうです。
「天皇陵の周囲の濠を見たそのとき、これは皿池形式の溜池だなと直感しました。溜池ならば、放水口である底樋《そこひ》なり斜樋《しゃひ》、皿池ですから水の取り入れ口などがあるはずだと思い、この池の周りを歩いてみました。すると、この皿池は池面三段の親子いや親子孫溜池で、最下段の池には斜樋や余水吐《よすいばき》、最上段の池には取水口、そして、池に注ぎ込む水路を１キロメートルばかり登りつめると、西門川という渓流から井堰《いせき》で取水されていることが分かりました」

水田の溜池を作るためには土を掘らないといけませんが、その土をどこに置くのがベストかというと、池の真ん中に積み上げればいいのです。土を積み上げるためには、土を運ぶ走路が必要です。田久保氏によると、10メートル進むときに高さ１メートル上がるくらいなら運べるという経験則があるそうで、前方後円墳の方墳は、実はその経験則に沿って積まれているようです。そして、その方墳がスロープになるので、円墳の方にはもっと高く、30メートルほど土を盛ることができます。

応神天皇の時代あたりから馬が輸入されるようになっています。たいへんな作業なので、おそらく馬も使ったかもしれません。

また、保水力を保つために木も植えていきます。育って林になれば、保水力が上がります。


さて、水田が広がって米の収穫量が飛躍的に伸びると、民衆は感謝の気持ちをもちます。墳墓にすれば日本では「祟り」や「恐れ」から、神聖な場所になります。墳墓を大切に守ることで古墳には森が生い茂るでしょう。すると、保水力が高まり、ますます溜池としての機能も高まります。

これを用水路として他の前方後円墳を作っていくと、水田地帯が広がります。地方にもヤマト王権の技術（秦氏など、帰化人の力）を借りながら広げていけば、ヤマト王権に対する強い崇敬が生まれるというわけです。

図6－8は筆者が撮影した崇神天皇陵です。山辺の道

図 6-8：崇神天皇陵（筆者撮影）

に沿って古墳が立ち並び、現在も農家の方々が干害用水として使っています。

## 「倭」の国から「日本」へ

日本には、アマテラスで有名な日本神話の「神話の世紀」があり、そしてその後、実際の天皇が統治する「天皇の世紀」が始まります。

そしてこの２つの間に、瓊瓊杵尊《ににぎのみこと》（ニニギ）・火折尊《ほのおりのみこと》（山幸彦）・鸕鶿草葺不合尊《うがやふきあわせずのみこと》（ウガヤフキアエズ）の統治する「日向《ひむか》三代」があります。※28

千葉県には、海に向かって立っている東浪見《とらみ》の鳥居があります（図6-9）。そして、その鳥居の説明にはこのように記されています。

「嘗《かつ》て此《こ》の地は人皇第一代神武天皇生母玉依姫《たまよりひめ》を中心に女系集団によって現太東岬《たいとうみさき》釣《つり》ヶ崎《がさき》に移住せし処《ところ》にして南總《なんそう》一帯の開拓を行いその勢力は玉前神社を中心に次第に強大となり東国鎮護の拠点《きょてん》となつた」

どうもこの説明どおりだと、神武天皇以前、つまり「日向三代」は女系

---

※28　ニニギも山幸彦も，『古事記』にはあまりよい人として書かれていません。

の時代だったことになります。縄文時代は女性が信仰の対象だったので、不思議なことではありません。また、当時は戸籍もありませんから、子どもの親が母親しか分からないこともあったでしょう。

紀元前3世紀には、大陸で秦が壊滅して前漢の時代になります。朝鮮半島でも「辰」が建国され、国々が騒がしくなりました。

そのため、日本も戦乱の危機にあったでしょう。[※29] そこで大和に逃げて、仲間を作って、危機をなんとかしようとしたと思われます。とはいえ疫病の流行、九州の勢力（「熊襲《くまそ》」と呼ばれる人々がヤマト王権に抵抗したとされます）への対抗などの様々な苦難があった後、応神天皇の時代から、ようやく関東～九州までを勢力下にしたヤマト王権の時代になります。

図 6-9：東浪見の鳥居（筆者撮影）

※ 29　2023 年、吉野ヶ里遺跡で、弥生時代中期（紀元前 1 世紀～紀元後 1 世紀）の国内で最も古いとみられる「鋳型」が 2 点みつかっています。まさに神武天皇が即位したころです。吉野ヶ里遺跡では、おそらく半島の青銅器製造技術を手に入れていたことでしょう。

そのころ、大陸では漢が倒れます。そして、半島内では高句麗が大きな力をもつようになり、半島内の新羅にとってもヤマト王権の力が必要になりました。

そこで、漢人（東漢氏《やまとのあやうじ》）が大挙してヤマト王権へやってきました。「辰」を建国し、新羅の「波旦《はた》」に住んでいた秦氏も、ヤマト王権に庇護を求めてやってきました。

当時の日本の人口は１５０万人くらいでしたが、このときに1割くらい、つまり15万人くらいの大陸・半島の人々が日本に帰化したようで、これがY染色体ハプログループO２の人々です。

これらの人々は、秦や漢の国家プロジェクトに携わった技術者・知識人の子孫であり、応神天皇の時代からヤマト王権の国家プロジェクトに参加するようになりました[※30]。

同時に漢字・儒教・仏教も伝え、仏教に積極的な姿勢だった蘇我氏とも結びついていきました。東漢氏も秦氏も蘇我氏についており、蘇我氏による物部氏の滅亡に関係しています[※31]。

一方、蘇我氏は稲目、馬子、蝦夷、入鹿の４代で権力をほしいままにし

---

※30　機織りは秦氏がもたらしました。京都の太秦《うずまさ》は秦氏を住まわせた地で、酒造りなどの技術も教えました（松尾大社）。もちろん、東漢氏も力を貸しました。

※31　若いときの聖徳太子もかかわっているとされています。

ましたが、乙巳《いっし》の変で滅亡し、大化の改新へとつながります。天武天皇・持統天皇の時代に、ようやくヤマト王権は安定した日本の皇室になりました。

## 日本の自然観

キリスト教では、「神の愛」が強調されます。そして、教義は絶対的な生きる指針となります。神は我々と同一ではなく、絶対的なリーダーでなければなりません。日本神話のスサノオのように暴れて娘を殺してしまうなんてことは許されません。

そこには「断罪」の意識が強く、それが正義感につながります。しかし、それはともすると怒り（扁桃体で感じる不安、恐怖）であり、大脳辺縁系の本能的衝動を突き動かす原動力になります。大陸では「闘わない」＝「奴隷にされる」に直結する歴史があったからかもしれません。

一方、日本はどうでしょうか？

例えば、神道と仏教は対立することなく続いています（神仏習合※32）。神

※32　明治維新では神仏分離令が出ましたが、私は明治維新における汚点のように感じています。神道には教義がありませんが、縄文時代に根付いた八百万《やおよろず》の神、つまりどんな神をも認める宗教でもあります。

道では、神と私たちは対立した存在ではありません。そもそも神道には教義がないので、神教ではなく、神道なのです。また、日本の仏教でも、人が亡くなったら戒名を付けますが、つまりこれは、死んだら誰しも仏になる（一体である）ということです。

自然との調和が日本人の心・宗教にあり、誰しもが、そして動物や植物だけでなく、石までが信仰の対象なのです。

自然と一体、神とも仏とも一体で、対立的でない実に不思議な日本人の自然観は、最近世界的なブームになっています。

それは、アニメです。

近年では『鬼滅の刃』のアニメーションが世界的に流行しましたが、アニメでは、豊かなオノマトペ（擬音語、擬態語のこと）によって、今まで雑音であった自然の音が（騒音ですら）心を揺さぶる音楽になります。アニメは「アニミズム」[※33]でもあり、世界のすべてが自分の体に染みこんでくるかのように感じられます[※34]。

ユングの心理学を広めた河合隼雄氏は『母性社会日本の病理』という本で、日本人の「アニマ」という、包み込むような母性心理の強さを指摘し

---

※33　生物・無機物を問わないすべてのものの中に霊魂、もしくは霊が宿っているという考え方のことです。

※34　例えば、公園を考えてみましょう。欧米の公園はあくまでも自然と対峙し、幾何学的に再構成したものですが、日本庭園は違います。庭園の外の山などの風景なども生かしながら、でも、人間の手で自然を再構成しています。

ています。これはまさに「アニミズム」や「アニメ」の「アニマ」です。

欧米は切断するような父性心理（「決断」や「切り捨てる」というイメージです）の「アニムス」が強い社会です。一方、日本において「アニマ」が強いのは、対立を嫌う心理の強さでもあります。

3万8千年の歴史の中で、日本が征服されたのは、第二次世界大戦の後の占領軍による統治だけです。その大戦でも街が空襲で打撃を受け、広島県と長崎県には原爆が投下され、多くの人が亡くなったにもかかわらず、アメリカを恨むどころか好きな人が多いのも不思議な国民性です。「うしはく」ではなく「しらす」の気持ちが強く、許すのです。


この第6章では、日本人がオキシトシンによって理性的になりやすく、セロトニンによって癒やされやすいことを解説しました。

それが、現在の日本の作品群にも生き生きと表れており、競争に疲れた世界の多くの人の癒やしとなり、日本に憧れる外国人が増えているのだと思われます。


みなさんにもっともっと日本の歴史を知ってほしいですし、縄文の心は今も日本人の心の底流に生きており、だからこそ世界中が日本に憧れるようになっていると知ってほしいと思います。

そして、せっかく日本に生まれたのですから、「しらす」の気持ちで日本のいろんなところに出かけて、そして日本の3万8千年の歴史の重みと自然と結びついている文化を味わってほしいと思います。

コラム

## 民の竈《かまど》

仁徳天皇の逸話に、こういうものがあります。

夕方、仁徳天皇が宮殿から民家を眺めていると、竈から煙が出ていないことに気がつきました。そして天皇は「夕飯も作れないくらいに民が貧しいのだ」と思い、3年間税をなくしました。すると、民家から煙が出るようになりました。

しかし「まだ貧しい民がいるはず。さらに3年無税とする」と言い、今度は天皇が貧しくなり、衣服がボロボロになってきました。食料も自給自足で、宮殿は修理ができず雨漏りは当たり前になり、屋根には穴が開き、夜空を眺めながら寝る状態になりました。

これに怒ったのは后で、「贅沢ができると思って嫁いだのに、なんで貧乏生活をしなければならないのですか」と言いました。それでも天皇は「民は宝だ。民が豊かになることが私の満足だ」と言って、無税を続けました。豊かになった民は、仁徳天皇のあまりの窮状ぶりに、見るに見かねて「税を納めさせてください」と言い出しました。

神話ですから、仁徳天皇を神格化した物語ともとれますね。しかし仁徳天皇は、后に隠れて愛人に会いに行ったのがバレて、后のカミナリが落ちたなんていう「恥ずかしい」話まで伝わっているので、まったくのデタラメだったり、皇室を神格化したりというものばかりでもないようです。実際にこの話は、各地の風土記にも大切な言い伝えとして書かれています。

実は仁徳天皇の在位当時、「難波の堀江」という運河を作る土木事業が行われています。河内地方は非常に水はけが悪かったので、現在の大阪城あたりで上町台地を切り開いて人口の河川を作り、水はけをよくしたのです。※35

民が潤って大規模な工事ができるようになったのでしょう。そしてこれらは、秦の始皇帝時代の技術が伝来した結果のできごとといえます。

※35　当時は現在の上町台地・神崎川あたりまで続いていて、淀川も大和川もそこからしか流れることができませんでした。

# 第7章

# 遺伝子でみるカースト制度

## DNAで南アジアの歴史が分かる

# インドの歴史

## カースト制度とは

カースト制度とは、インドで歴史的に形成された身分制度のことです。[※1] もともとはヒンドゥー教における「ヴァルナ」と「ジャーティ」という制度であり、15世紀末にポルトガル人が同一視して「カースト」と呼ぶようになりました。

「ヴァルナ」は身分を4つに分ける制度で、上からバラモン、クシャトリヤ、ヴァイシャ、シュードラがあり、その下にヴァルナに属さないアチュートがあります。

さらに、それぞれのヴァルナの内部に「ジャーティ」という職業別の制度があります。例えば、鍛冶屋を職業としている家庭では息子も鍛冶屋を受け継ぐというように、職業は世襲制であり、それぞれのジャーティはいずれかのヴァルナに属しています。

※1 「カースト」という単語は、ポルトガル人が「血統」や「家柄」を表す「カスタ」と呼んだことで生まれました（語源はラテン語の「カストゥス」です）。

1857年、インド亜大陸の人々がイギリスの支配に反抗するため「インド大反乱」を起こし、それをイギリスが翌年に鎮圧しました。これにより、ヴィクトリア女王がインド皇帝を兼ねるインド帝国が成立し、インドは実質的に植民地化されました。

キリスト教のイギリスがインドを支配する際、その支配を正当化するために、ヒンドゥー教の「野蛮な身分制度」としてカースト制度を非難しました。これらはヒンドゥー教の宗教観が絡む非常に難しい問題です。

そんなカースト制度ですが、もともとはアーリア族という民族が、インドのドラヴィダ族という民族を支配したのがはじまりとされています。

## 考古学における「文明のはじまり」

地質学では、およそ1万年前に更新世から完新世になったとされています。考古学では、新石器時代になり農耕が始まったおよそ1万年前を文明のはじまりと定義しています。

1万2900年前ごろ、北半球の高緯度領域で急激に温度が下がり、逆に1万1500年前ごろには急激に気温が上昇しました（ヤンガー・ドリアス期[※2]）。

気候の変化により生物相が大きく変わったため、狩猟・採集では食料の獲得が困難になり、1万年前に「肥沃な三日月地帯（図7－1）」で農耕が起こったとされています。農耕文化は現在のトルコの中央に広まり、ヨーロッパにアナトリア農耕文化として広がっていきました[※3]。

エジプトの農耕文化の起源も、肥沃な三日月地帯からとされます。つまり、このころ民族は対立しておらず、技術を教え合うことができたようですね。これが西アジア発の新石器時代、つまり農耕文化のはじまりです。国家のない時代は国家間の争いがなく、平和に農耕文化が広まっていったのです。

チグリス・ユーフラテス川は氾濫するので、それによって土地に養分をもたらしました。しかし、地中海沿岸とくらべると降水量が少なかったため、なんとか水を広げる必要がありました。その灌漑工事のノウハウが、紀元前3500年ごろにメソポタミア文明へと発展します（最初の集落跡は紀元前5300年ごろです）。国家がなければ大規模な灌漑工事ができ

---

※2　気象変化の原因は不明ですが、1万8千年前に最終氷期が終わり、グリーンランドと北米の氷床が溶け出したとする仮説が有力です。塩分濃度が低い（海水より軽い）冷水が大西洋に大量に流れ込み、海表面が冷水で覆われ、深層と表層の対流がなくなったのです。その他、巨大彗星の衝突によるという仮説もあります。いずれにしても、北半球の急激な寒冷化は事実のようです。

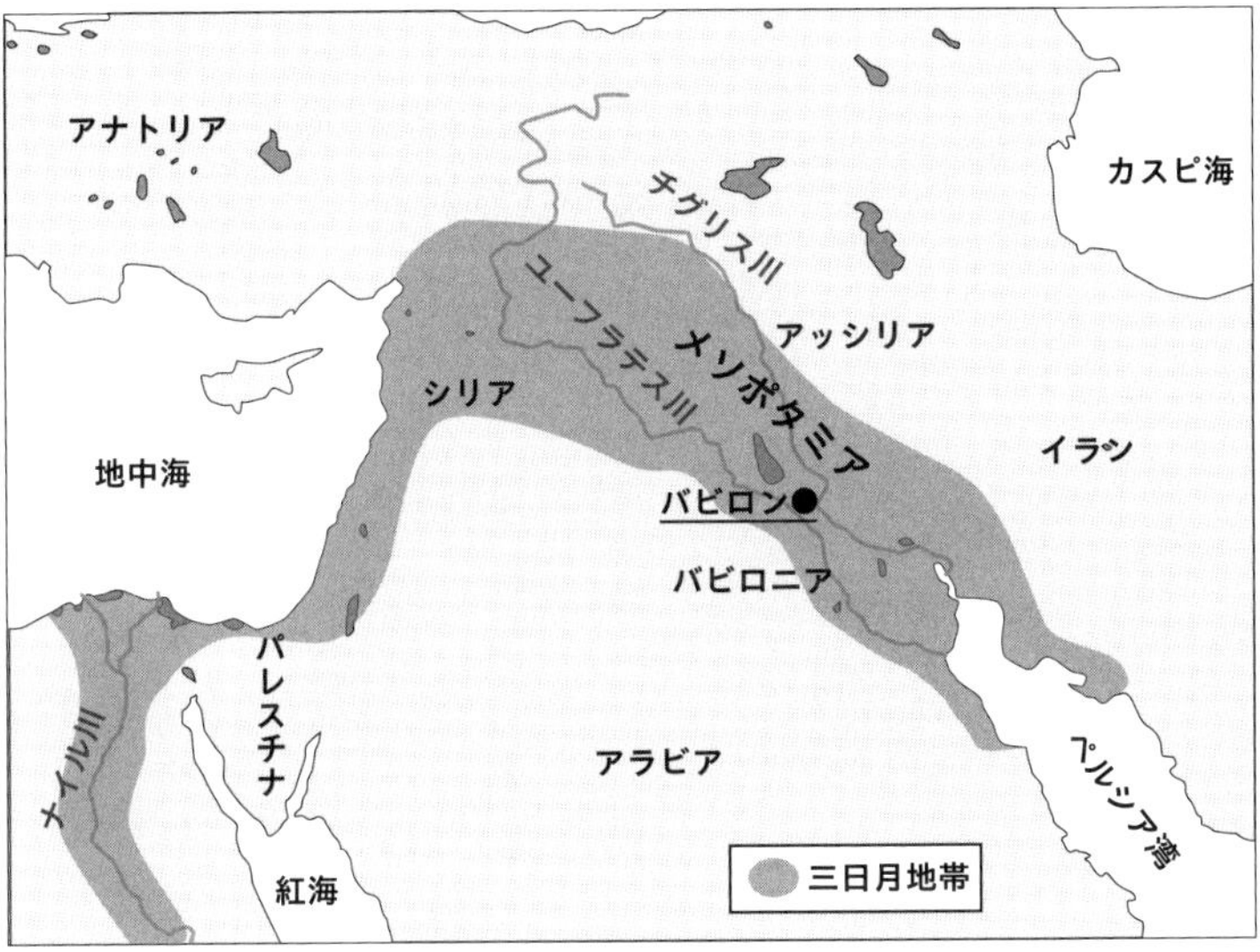


図 7-1：1 万年前のチグリス・ユーフラテス川流域～地中海沿岸
肥沃な三日月地帯を濃いグレーで示す。
Sayre（2013）より引用・改変

※３　ゲノム解析から、アナトリア農耕文化の担い手は三日月地帯に住んでいた人々とは違う民族だと分かってきました。狩猟採集民族が「肥沃な三日月地帯」の農耕を学んだようです。

ないので、国家が成立したのです。

このように、考古学における「文明のはじまり」は、三日月地帯の農耕のはじまりであり、中東ヨーロッパ文明の起源にすぎません。アジアの歴史とは無関係に定義されている点には注目しておいてください。

## メソポタミア～ハンムラビ法典の奴隷階級～

ここから一度、ざっくりとインドの歴史についてまとめていきます。

メソポタミア文明はシュメール人が開いたとされますが、その後、アッカド人がメソポタミアを統一します。さらにアッカド人の国家が滅ぼされ、アムル人の国家であるバビロン第一王朝（古バビロニア王国）ができます。有名な「ハンムラビ法典」を制定したハンムラビ王の王朝です。

このように王朝が倒れて征服され、新たな王朝ができるうちに、滅ぼされた民族は奴隷になっていったと考えられます。そのため、奴隷制度は当たり前になっていきますが、この時代にはまだ奴隷の地位も守られていま

※4　支配層の自由民、支配層以外の平民、さらに奴隷の３つの身分があり、自由民と平民は奴隷をもつことができました。

した。

ハンムラビ法典は「目には目を、歯には歯を」という条項で有名ですが、これはあくまでも対等な地位の人間で諍いが起きたときに適用されるもので、２０５条には「奴隷が自由民[※4]の頬を殴れば耳を切り取られる」など、身分による罰の違いについても書かれています。

医療費なども身分ごとに細かく決められ、自由民が認めれば奴隷も医療を受けられます。一方、治療に失敗すると医師は罰を受けます。

さらに奴隷の財産の保障を定めた条文があるなど、奴隷階級にも一定の権利を認めており、条件によっては奴隷解放を認める条文も存在します。女性の権利も含まれ、妾の子どもでも正妻の子どもと同等の権利を認めています。[※5]

ハンムラビ法典の趣旨は現代法と似ているところがあり、何をすれば犯罪になるのか、そしてその犯罪に対する罰はどのようなものかを明文化しています。メソポタミアは当時最高の文明国家で、多くの民族が集まった多民族国家の様相もあり、しっかりと明文化された法典による支配が必要とされていたのです。

※５　ハンムラビ法典では、正妻の子でない子の人格は正妻の子と平等とし「父親の認知があれば、妾腹の子でも実子と財産を均分する」とされます。父親の認知がない場合は難しいですが、「妾腹の子は母とともに解放され、財産の代わりに自由民の資格を得る」ため、奴隷から解放されるのです。

その後もメソポタミアでは国家が次々と生まれ変わり、[※6]紀元前625年に建国された新バビロニア王国の時代に至ると、正妻でない女性は奴隷の地位に留まって主人の死後には売られてしまうことが多くなります。
女性の地位は力で国を倒して新たな王朝が築かれるたびにどんどん低くなっていきました。また、征服された民族が抵抗できないように奴隷制度もどんどん進んでいきます。

そんな中、大都市バビロン（図7-1）は、アジアと地中海、エジプトなどの中継地点で、東西の交通の要所となっていきました。交易によってますますいろんな技術やものが集まって発達し、多くの民族がこの土地を狙っていきました。
紀元前11世紀になると、そこでアラム人がラクダに乗って通商を始めます。地中海を中心に舟で通商を行っていたフェニキア人が使用していたフェニキア文字[※7]から、アラム人によってアラム文字が生まれます。通商に必要となったアラム文字によって、メソポタミア文字は駆逐されます。

---

※6　その後、ヒッタイト人がバビロン第一王朝を滅ぼします。次にカッシート人が侵入してバビロン第三王朝を作りますが、エラム人によって滅ぼされます（紀元前1155年）。
※7　アルファベットの元となった文字です。

## インダス文明の出現と滅亡

環境省の環境白書によると、今から5千年前（紀元前２５００年ごろ）に世界的な寒冷化が始まったとされます。５千年前は、日本の関東平野も大阪平野もほとんど海でしたよね。

西アジアでは西ヒマラヤ一帯の積雪量が増加し、春先にそれが溶け、河川の流水量が増加しました。一方、インダス川の中・下流は乾燥し、水を求めてインダス河畔に人々が集まるようになりました。そこで、おそらくメソポタミアの技術が応用され、冬作物を中心とする氾濫潅漑農業が発展しました。[※8]

このころ（紀元前２５００年ごろ）になると、パキスタンのインダス川流域でインダス文明が栄えます。メソポタミア文明の影響が強く、青銅器なども伝わったと考えられます。当のメソポタミア文明は乾燥化・塩害が進むことで、紀元前２０００年ごろに終焉を迎えます。

そんなインダス文明も紀元前１８００年ごろから衰退し、紀元前１５００年ごろには完全に滅びてしまいます。滅んだ理由はまだよく分

※８　河川が氾濫すると土壌の連作を妨害する因子が流され、山からも栄養豊かな土が運ばれるため、連作障害はリセットされます。

かっていません。[※9]

しかし、紀元前1800年ごろから再び温暖になり、積雪量が減少し、春先の大融水が減っていき、農業ができなくなっていったと考えられます。この時代の気候変化の影響は分からないことも多いようです。

ともあれ、気候の変化が文明を栄えさせ、そして滅ぼしていったことは間違いありません。温暖化も問題ですが、寒冷化も大きな問題となったのですね。

## バラモン教

インダス文明が滅亡した後の紀元前10世紀ごろ、アーリア族が南下してガンジス川流域までやってきます。そして、アーリア族はバラモン教を広めることでインドの北部地方を支配し、地位を確立していきました。紀元前10~5世紀にかけてバラモン教の聖典であるヴェーダが整えられ、紀元後4世紀ごろにはバラモン教はヒンドゥー教となっていきます。[※10]

※9　アーリア族が南下して滅んだという説もありましたが、アーリア族の南下が始まる200～300年前から衰退が顕著なので、現在では否定されています。

※10　紀元前5世紀ごろに、バラモン教から仏教も生まれます。仏教は現在約5億人の信者数といわれます。

バラモン教のざっくりとした考え方は「自然を崇め、ヴェーダ（聖典）に基づき祭式を行うことこそが、人々が幸せになる方法である」というものです。キリスト教、ユダヤ教、イスラム教のような絶対神のない自然崇拝という点では、日本の太古からの宗教観に通じます。農耕文化の進歩を考えるときに、自然崇拝の考えや自然界の変化は非常に重要なポイントです。

その思想は、自然界の変化に着目することで、「万物流転」のような哲学に発展していきます。

つまり、輪廻《りんね》（生まれ変わり）の哲学が「今生きている現世の我々の運命は、前世の行いによってすでに定まっている」という哲学に発展し、そしてそれが「前世の行いにより、現世の身分が定められていく」となり、「現世の身分が定められているなら、来世の身分も定められている」というヴァルナ制度へと発展していきます。※11

現世でいくらがんばっても来世は変えられないという考えは、支配者の血統は絶対であることを示せるため、世襲制度を正当化する宗教になります。※12

※11　冒頭で述べたとおり、欧米ではこれを「カースト制度」と呼んでいます。
※12　第５章で解説しましたが、これと同じ考え方が中国における儒教であり、ヴァルナ制度だけに特殊な考えではないようです。

この章の最初にご説明したとおり、ヴァルナ制度にはバラモン（司祭者）、クシャトリヤ（王族や武士）、ヴァイシャ（庶民）、シュードラ（隷民）の4つの階級があります。これらは「肌の白い」上位3ヴァルナと、彼らへの隷属的奉仕を義務づけられた「肌の黒い」シュードラに分かれます。シュードラは、アーリア族がもともと土地に住んでいたドラヴィダ族を奴隷化したとも考えられています。さらに、これらのヴァルナに属さない人々（アウト・カースト）もおり、アチュートと呼ばれます。不可触民[※13]と訳され、シュードラよりも下で、現在1億人がアチュートです。

そこに職業の世襲制が絡んでいるジャーティがありますが、アチュートの仕事には、汚物の処理など、宗教的にも「穢れ」とみなされる仕事が含まれます。

現在はバラモン教がインドの民族主義と結びつき、ヒンドゥー教になっています。ヴァルナ制度（カースト制度）による差別は1950年にインド憲法によって禁止されていますが、ヒンドゥー教はキリスト教、イスラム教に次いで信者が多い（11億人）宗教ですので、簡単に教義を禁止するわけにもいきません。現在においても大きな問題となっています。

---

※13　不可触民は自分たちのことを「ダリット」と呼びます。

# インド周辺の人類の移動

## 人類の移動

ここから、インドにかかわる人類の移動について示します。インドといっても昔はもちろん国境がありませんので、厳密には南アジアでの動きということになります。

第2章で、19万5千年〜12万3千年前の氷期に人類（新人）が絶滅しかけたことを書きました。その後、暖かい時代が続き、7万年ほど前からまた急激に寒冷化し、最終氷期が始まります。

その中で、7万5千年ほど前に、インドネシアのスマトラ島にあるトバ火山が大噴火を起こし、その後の人類の進化に大きな影響を与えたという学説（トバ・カタストロフ理論）があります。[※14]

テキサス大学のジョン・カッペルマン氏らは、トバ火山の大噴火による乾燥化によって、人類がアフリカから出たと推測しています。[※15] 乾燥により

※14　大噴火の噴出物は２千立方キロメートルを超え、８万年前の阿蘇山の噴火による火砕流（800立方キロメートル）の2.5倍の巨大噴火だったとされています。

河川が縮小し、漁労はできたものの次々と河川を探す必要があり、人類は繰り返し移動せざるを得なかったのだと推理しました。

## ミトコンドリアハプログループ

さて、口絵1のミトコンドリアハプログループの移動の図をみてください。繰り返しになりますが、ミトコンドリアハプログループは母系の遺伝を表していましたね。

アフリカ以外のミトコンドリアハプログループは、すべてアフリカのL3を共通の祖先にもち、MとNのグループが最初にアフリカを出ました(およそ6~8万年前)。

M系統は、アラビア半島をイラク側に渡って、すぐにインドにたどり着きました。当時のアラビア半島の南は緑が多く、動物も豊富だったと考えられています。そのため、北回りの砂漠を越えるルートよりは、南端を渡ったのではないかと推定する研究者が多くなっています。

※15　彼らはエチオピア北西部の遺跡を調査し、その堆積物のガラス片の化学分析から、トバ火山の大噴火を明らかにしました。また、ダチョウの卵の殻と哺乳類の歯の化石の分析から、当時の環境が著しく乾燥していたことも明らかにしました。

現在のインドにあたる半島(亜大陸)は、もともとは別の大陸として、ユーラシア大陸の南に位置していました。それが、地球のプレートの動きとともに北上し、今のユーラシア大陸と衝突して1つの大陸になり、さらに北上しているので、その衝突の境界部分に東西に褶曲した山ができていきます。一番大きなものがヒマラヤ山脈で、ウイグルには天山山脈なども作られています。そのため、民族移動はこの東西のルートに沿って起こったと考えられます。

南回りをしたグループは、インド～東南アジアに沿って海岸沿いに東へ移動したと考えられます。カッペルマン氏らの考えに従えば、魚介類を求めて回ったのかもしれません。河川よりは海のほうが確実に魚介類を獲ることができたでしょう。

北回りをしたグループは、中央アジア～シベリアやモンゴルの草原を東に移動したと考えられます。おそらく、そこでマンモスなどの大型動物を狩猟する技術を手に入れたのでしょう。

## Y染色体ハプログループ

続いて、男系遺伝のY染色体ハプログループの移動についてもみていきましょう（口絵2）。

まず、アフリカのY染色体ハプログループCFとD1がアフリカを出ます。カッペルマン氏らの仮説から考えると、7万5千年ほど前のことだと考えられます。CFはインド亜大陸に到達し、CとFに分かれます。そして、CとD1は南回りで東南アジアに到達します。

Y染色体ハプログループCは西にも進んでクロマニヨン人のC1a2になります。日本固有のC1a1と近縁でしたね。おそらくは男女の集団で移動したと考えられるので、クロマニヨン人のCは、ミトコンドリアハプログループN、R、Uの系統と同じような移動をしたことでしょう（口絵1）。

Y染色体ハプログループFはインド亜大陸で栄えました。

そこから南に移動したのが、Ｙ染色体ハプログループＨです。非常に古いハプログループで、３～４万年ほど前にインドにやってきたと考えられています。古代インド（古代南アジア）で繁栄し、最も古くからインドに住んでいた狩猟採集民族だったと推定されています。現在でも、インド中南部に住む狩猟採集民族のコヤ族に71％と高頻度にみられます。※16

Ｙ染色体ハプログループＩは、Ｆを祖先とするハプログループです（口絵４、５）。Ｉ１はスカンジナビア方面へ、Ｉ２はクロマニヨン人のハプログループＣ１ａ２に次いでヨーロッパに渡りました。１万３千年前にスイスでみつかったクロマニヨン人はハプログループＩ２ａでした。

Ｙ染色体ハプログループＧもＦから分岐しました。紀元前５千年～３千年ごろに西アジアからヨーロッパへ移動したと考えられており（ハプログループＧ２ａ）、アナトリア農耕文化の担い手であると考えられています。それまで主流だった後期のクロマニヨン人であるハプログループＩ２ａとは共存し、農耕文化と巨石文化を起こしました。

---

※16　その他、移動型民族であるロマ族の60%にみられます。

紀元前3500年ほどになると、メソポタミア文明が生まれました。これを開いたのがY染色体ハプログループJの人々だと考えられています。※17

このグループは、約2万年前にイラン北西部・コーカサス・アルメニア高地・メソポタミア北部のどこかで進化し、紀元前7千年ごろにアナトリアのG2aに農耕文化を伝播させたのではないかとされています。

時代が下り、Fから分かれ、ヒマラヤ山脈の西、アフガニスタンあたりから北上し、中央アジアに至ったのがY染色体ハプログループKです。Kは活発に動き回り、多様に分岐しました。例えばシベリアの北部地方に行ったものがNになり、アメリカに渡ったものがQになりました。

中央アジア~コーカサス付近で、KからY染色体ハプログループRが生まれます。

Rのうち南下してインドに渡ってきたのがR2で、ドラヴィダ族のグループです。

Rからは、R1aとR1bも生まれました。R1aは、ウクライナなどの東ヨーロッパとインドに多いハプログループです。これは先ほどご説明

※17　現代のエジプト人はネグロイド系のY染色体ハプログループE1b1が高頻度にみられます。その他としてJおよびR1bがみられます。

したアーリア族のグループで、南下してインドでバラモン教を広め、支配層になります。

一方、Ｒ１ｂは黒海の北のウクライナあたりのグループで、西ヨーロッパに多くみられます。第５章で解説した、ヤムナヤ牧畜文化を作った人々はすべてＲ１ｂでしたね。牛、羊、山羊の牧畜が行われ、騎馬文化も定着しました。

このＲ１ｂとＲ１ａは遺伝的に非常に近く、どちらもインド・ヨーロッパ語族で、言語も似ています。Ｒ１ａは、もともとはＲ１ｂの影響を受けた騎馬民族だと考えられます。

さらにＫから分かれて２～３万年ほど前に西アジアに向かったのは、Ｙ染色体ハプログループＴです。

Ｙ染色体ハプログループＯも、ＫがＮになった後に分かれたと考えられています。漢族などのＯ２、台湾・オセアニアのＯ１ａ、中国南部～東南アジア・インドのＯ１ｂ１と、日本・韓国に移動したＯ１ｂ２に分かれました。

コラム

# ウラル・アルタイ語族の言語

日本語は「膠着語《こうちゃく》」です。

例えば「遊ぶ」という動詞がありますが、語尾をくっつけることで意味を変えることができます。「asob」が語幹で、「anai」をつけると「遊ばない」という否定に、「eba」をつけると「遊べば」という仮定になります。このように語尾を付けることで意味が変化する特徴をもつ言語を膠着語といいます。

かつ、主語（S）＋目的語（O）＋動詞（V）という文法に特徴があります。例えば日本語は、「私は（S）日本語を（O）話す（V）」のような形の文法です。英語は「I（S）speak（V）English（O）」のように、SVOの形ですよね。

韓国語や、ウラル・アルタイ語族の言語（トルコ語・ウイグル語・モンゴル語・フィンランド語など）は、日本語と同じような特徴をもちます。

特に日本語・韓国語・アイヌ語は非常に似ています。日本語と韓国語の特徴として、オノマトペ（擬音語：例えば犬の鳴き声の「ワンワン」、擬態語：例えば燃えるときの「メラメラ」）の発達があります。

これは、アカホヤ大噴火で日本から朝鮮半島に渡った縄文人（Y染色体ハプログループＯ1ｂ2）の言葉が基礎となったと考えてよいと思います。

一方で違いもあり、日本語は発音がオーストロアジア語族に似ているといわれており、韓国語は北方騎馬民族と漢族の影響を強く受けていると考えられます。

また、アフリカを出たホモ・サピエンス・サピエンスが日本に着いたのは3万8千年前なので、日本語・韓国語は、ウラル・アルタイ語とは、同じ特徴をもつ部分もあるとはいえ言語的にはかなり離れています。そのため、日本語・韓国語がウラル・アルタイ語族ではないという意見も強くあります。

また、現在の日本語には外来語（英語など）をカタカナにしたものも入り込んでいます。とりわけ、新しい文化や技術に関する言葉は外来語をそのまま使いますよね。文法はそのままでも、現在の私たちが使っている単語は、外来語もかなり多くなっているのです。

# Y染色体ハプログループからヴァルナ制度を考える

## インドのY染色体ハプログループF・H

さて、ここからは、Y染色体ハプログループからヴァルナ制度（カースト制度）を考えてみましょう。図7-2をみながら読んでください。図7-2の中のカースト上層はバラモン・クシャトリヤ・ヴァイシャ、カースト中層はシュードラ、カースト下層はアチュートを示します。

ご説明したように、Y染色体ハプログループFは非常に古く、H、J、R、Tなどの分岐元にあたります（口絵5）。インド北部を逃れて南に行っている形跡がありますが、王族などの支配階級ではなかったためか、カースト上層には少なそうです。庶民階級に多かったのかもしれません。

インドで広がったFから、Y染色体ハプログループHが派生しました。

３～４万年ほど前にやってきたグループでしたね。最初はＹ染色体ハプログループＦの人がインド亜大陸に住み、その次にはＨの人々が多く住んでいました[※18]。

Ｈは27・６％がカースト下層にいて、多いといえますが、カースト上層にも23・３％とそれなりにいます。特にひどく差別されているようにはみえません。

また、南部に27・５％と多いものの、地域的にはそれほど大きな差はありません。

## インドのＹ染色体ハプログループＪ

Ｙ染色体ハプログループＪは、紀元前３５００年ごろからチグリス・ユーフラテス川流域でメソポタミア文明を開いた人々でした。カースト上層が10％、中層が９・７％で、下層は３・１％です。職業とし

| L<br>パキスタン | R1a<br>アーリア族 | R1b<br>ヤムナヤ | R2<br>ドラヴィダ族 | T<br>西アジア |
|---|---|---|---|---|
| 11.4% | 30.5% | 0.5% | 9％ | 0％ |
| 5.7% | 26.3% | 0％ | 18.9% | 1.7% |
| 5.4% | 15.7% | 0％ | 27.6% | 4.6% |
| 1.7% | 48.9% | 0.6% | 11.1% | 0％ |
| 4％ | 50% | 0％ | 6％ | 0％ |
| 10.8% | 26.7% | 1.3% | 21.5% | 5.1% |

ては、技術者として高い地位を占めていたようです。

**インドのＹ染色体ハプログループＬ**

Ｙ染色体ハプログループＬははじめてご説明するグループです。

タジキスタンのパミールノット地域で発生し、北から南下してきたと考えられ、現在はパキスタンに多くみられます。カースト上層が11・４％と高くなっていますね。ひょっとすると、アーリア族であるＲ１ａとともに北方騎馬民族として南下し、支配層に多くなったのかもしれません。

**インドのＹ染色体ハプログループＲ**

Ｙ染色体ハプログループＲ１ａはアーリア族、Ｒ１ｂはヤムナヤ牧畜文化のハプログループでした

| Y染色体<br>ハプログループ | 調査数 | F<br>最古 | H<br>Fから派生 | J<br>メソポタミア<br>インダス |
|---|---|---|---|---|
| カースト上層<br>（バラモン<br>クシャトリヤ<br>ヴァイシャ） | 211 | 1.9% | 23.3% | 10% |
| カースト中層<br>（シュードラ） | 175 | 5.1% | 21.1% | 9.7% |
| カースト下層<br>（アチュート） | 261 | 4.6% | 27.6% | 3.1% |
| インド北部 | 180 | 1.1% | 24.5% | 7.8% |
| インド中部 | 50 | 4％ | 20% | 4％ |
| インド南部 | 372 | 4％ | 27.5% | 19.7% |

図 7-2：インドのＹ染色体ハプログループ
Sahoo et al（2007）、Trivedi et al（2007）より引用・改変

ね。

インドの北部・中部の人口の中で最も多いのがR1aです。騎馬民族のアーリア族が大量にインドに移住してきたことが推測されます。

また、カースト上層の30・5％がR1aです。カースト下層では15・7％と上位の半分であることからも、アーリア族が支配的階級であったことが頷けます。

アーリア族はバラモン教を広めるときに自らをバラモン（司祭者）として広め、インドで圧倒的に多くなったアーリア族の言語のサンスクリット語が広まっていきました。メソポタミア文明、インダス文明を築いた技術力を活用し、農耕文化も取り入れました。


ドラヴィダ族のR2は、カースト制度では下層に多く、カースト下層が27・6％、カースト上層は9％しかいません。また、インド南部で21・5％と多くみられます。今でもスリランカとインド南部では、ドラヴィダ語[※19]（タミル語など26の言語を含む）が使用されています。

西アジアのY染色体ハプログループT[※20]も割合は低いですが、R2と同じ

※18　HはFから派生したハプログループなので、時間の隔たりはあったとしても対立は起こらなかったでしょう。
※19　インダス文明はドラヴィダ族が作り上げ、ドラヴィダ語が話されていました。
※20　メソポタミアが栄えていたころ、イランの高原の南西部にエラムという王国が存在していました。そこではJ2とTが多かったとされます。

ような傾向があります。つまりカースト下層に多く、インド南部に多いことが推察されます。

アーリア族が南下してインド北部を支配したとき、Ｔ（およびＪ）はＲ２（ドラヴィダ族）とともに南部へと逃げたため、Ｔ（およびＪ）もスリランカやインド南部で多くみられます。Ｒ２、Ｔといった人々を奴隷的地位に抑圧することで、カースト中層の不満を取り除いていったのでしょう。

アーリア族がインド北部を支配する際に利用したバラモン教の支配の秘密がこの「賤民」を作り出すことだったのは、欧米人による奴隷制度と同じであるともいえます。その意味でも、「カースト制度」をイギリスが非難する資格があったのか、疑問に思います。

# まとめ

Y染色体ハプログループからカースト制度を考えるのは、少し難しかったでしょうか？　何度も見返してじっくりと考えてみてください。きっと数字から、古代の歴史がみえてくるでしょう。

第5章でもお話ししましたが、ある民族がある民族を征服すると、征服された民族の男性は奴隷として働かされるか、ジェノサイドによって民族浄化が起こります。そのときには真っ先に子どもが殺されます。将来、親を殺された恨みから国家が転覆させられることを恐れるからです。そのためY染色体ハプログループは1つのグループが支配的になります。

一方、女性は男性に隷属する妾として生き残ります。なので、ミトコンドリアの多様性は残ります。しかし地位は非常に低くなり、男女の差が次第に開いていきます。

しかし、このような流れは、経済が豊かになり、発展していく中で変わっ

※21　5世紀にはゼロを伴う十進法が成立していたようです。7世紀には、数学者・天文学者のブラフマグプタによって「どのような数をゼロにかけてもゼロである」とゼロの概念が記されています。ゼロは「無」ではなく「空」（「無」い状態が有るということ）とされ、この考えはバラモン教の哲学によって生まれました。

ていくはずです。

インドは、１９４７年8月15日にイギリスから独立しました。イスラム教徒との融和を説き、パキスタンとの分離独立に反対したマハトマ・ガンディーは１９４８年1月に狂信的なヒンドゥー教徒により暗殺されたものの、インドは１９５０年1月26日に政教分離の連邦共和国となりました。初代首相にはジャワハルラール・ネルーが就任し、インド憲法によりカースト制度による差別も禁止されています。

インドの支配者は共和国政府になりました。ヒンドゥー教や仏教を生み出したインドですが、昔から数学のレベルも非常に高く（「０（ゼロ）の発見」[※21]などでも有名です）、現在もＩＴ大国として世界をリードしています。人口は中国を抜き、若い世代も多く、非常に優れたＩＴエンジニアが育っているのです。経済的に今後大きく成長していくことでしょう。[※22]

特に「ジャーティ」の職業の世襲制はインドの産業構造の変化の中で、変わっていかざるを得ないでしょう（例えばＩＴエンジニアは今までになかった職業で、ジャーティの世襲制に従わなくても問題ありません。つまり、誰でもＩＴエンジニアという職を選ぶ権利があるのです）。

---

※22　イギリスの植民地時代に英語が浸透し、英語が公用語になっていることなども後押しとなったようです。

また、インドにおける女性はすべてシュードラだそうですが、そのような男尊女卑は経済発展を阻害します。一般の人は豊かな暮らしができるようになり、為政者も差別を統治に利用する理由がないのです。

バラモンたちもヒンドゥー教を変えていかなければ、ヒンドゥー教そのものの存続が危うくなっていくでしょう。ヒンドゥー教も次第に変わるはずです。

このようなインドの経済発展によって、私は、カースト制度は消滅していく、つまり、インドの発展が宗教をも変えていくと考えています。みなさんはどう考えますか？

長い時間と進歩の上で、またここから、インドにおけるヒトの遺伝子が変わっていくのです。

# おわりに

さて、私の大好きな猫の話です。

猫にはしっぽが折れ曲がっていたり、ほとんどなかったりするものがあります。それらの猫の遺伝子には変異があり、例えばジャパニーズ・ボブテイルをはじめとする「かぎしっぽ猫」は「ＨＥＳ７」遺伝子の変異、マンクスという「尾無し猫」は「Ｔ－Ｂｏｘ」遺伝子の変異をもっており、さらにまだ知られていない変異もあるだろうということが分かってきました。

そして、長崎県に住む野良猫の約８割には、このＨＥＳ７遺伝子の変異があります。ですが、ＨＥＳ７遺伝子によるかぎしっぽ猫の原産地は東南アジアや中国南部の地域（インドネシアやマレーシア周辺など）なのです。インドネシア、そう、オランダの植民地だったところです。

長崎・オランダでピンときませんか？ そう、出島です。江戸時代、日本は出島を通して、オランダと中国とだけ交易していました。オランダとの貿易で荷物がネズミにかじられるのを防ぐために猫を船に乗せており、その猫が長崎県で増えたと考えられます。

このように、遺伝子によっていろんな歴史が解明できます。

ですが、遺伝子の研究は実はまだ浅い歴史しかありません。そもそも遺伝子工学が本格的に始まったのは１９８０年代で、２０２４年の今からさかのぼってもまだ40年です。

１９９０年、アメリカで、30億ドルの予算で15年かけてゲノムを読了するために始まったプロジェクト「ヒト・ゲノムプロジェクト」の完成版が公開されたのが２００３年。

最近では次世代シークエンサーを使って、新型コロナウイルスのゲノム配列がたちどころに決められ、２０２４年4月22日現在で16,666,436ウイルスゲノムの配列が登録されています。ヒトのゲノム配列は1週間あれば決められるし、費用も１００ドルくらいか、もっと安いかもしれません。

第6章でもふれましたが、現在、佐賀県の吉野ヶ里遺跡がホットな話題です。２０２３年6月に石棺墓《せっかんぼ》がみつかり、弥生時代後期の有力者が埋葬されていると考えられています。[※1][※2]埋葬された人骨からDNAをうまく抽出できれば、吉野ヶ里遺跡の解明にも遺伝子やゲノム研究の手法が持ち込まれるでしょう。

ということで、これから様々なゲノムの解析がなされ、もっともっと面白いことが遺伝子で分かってくるでしょう。未知なことがいっぱいあり、証明が不十分で、調べなければいけないことだらけです。これからの研究がいろんなことを解明してくれると思って、ワクワクしています。

ところで、人間の能力を「記憶力」、「パターン認識力」、「諦めない力」、「疑問を感じる力」の4つに分けて考えてみましょう。コンピュータが強いのは「記憶力」と「パターン認識力」です。これらの能力は「認知的能力」と呼ばれ、現代の日本人が受験勉強や塾などでトレーニングしている技術です。

英単語も歴史の年号も、いかに覚えるかが勝負です。先生の教えていることは絶対で、疑問を挟んでは時間の無駄。ひたすら言われるとおりに記憶します（「記憶力」）。そして試験時間は限られるので、苦手で難しい問題はパスして、つまり諦めて、易しい問題から解いていきます（「パター

---

※1　まさに『魏志倭人伝』で、倭国大乱（2世紀末）の末、約30の国々が邪馬台国の女王・卑弥呼を共立し、政治連合体を作ったと書かれている時代です。

※2　今回の発見では赤色の顔料がみつかっています。朱は硫黄の同位体分析によって国産か中国産かが分かり、ベンガラも粒子の構造で製造法や産地を絞り込むことが可能で、現在、解析が進められています。

ン認識力」)。こうすれば受験には強くなるでしょう。でも、これからの時代、受験勉強で身に付く能力は完全にＡＩに置き換わるでしょう。

一方、生きるためには「諦めない力」と「疑問を感じる力」、つまりものごとを不思議に思って、それを諦めないことが必要です。これらの能力は「非認知的能力」といいます。効率を求める受験勉強では失われる能力ですが、これらこそがＡＩにない能力です。

日常生活は正解のないことだらけです。レストランに食事に行って、何を注文しますか？ ハンバーグが正解？ オムライスは不正解？ もちろん正解などありません。

学問にも、本来正解はありません。今までのやり方を「正しい」としていては、発展もありません。今までのやり方に「どうやって改善する？」と疑問をもち、正解のない困難を解決すると、新しい展望が開けます。

そして、正解のない困難を解決するには、もはや文系とか理系などと言っている時代ではありません。いろんなアプローチが必要です。

例えば歴史を学ぶ際には古い文献を読みこなす必要があります。遺伝子からのアプローチでも、ゲノムを読みこなすことが必要です。木の年輪と同じように、貝殻にも人の歯にも、実は気候変動までが書き込まれています。そういうものを、諦めずに泥臭く調べ上げることが大切です。

第6章でご説明したとおり、長浜浩明氏はボーリング調査によって歴史的な発見をなしとげました。様々な分野の端境に、新しい学問が生まれてきます。異分野に対して、悩みながら興味をもって考え、その分野の人たちの協力も得て、お互いに信頼し助け合う中で困難を乗り越えていくしかありません。この能力は「勉強」では得られません。ですが、これが私の考える「学問のススメ」なのです！

そして、あなたが正解のない問題を「諦めない力」で追い求めていくときに、助けになるのがＡＩです。ＡＩは「非認知的能力」であなたに優越し、あなたを淘汰するものではなく、あなたの「認知的能力」を補佐する道具となります。

学問は、あなたを豊かにします。子どものころにもっていた好奇心を大切にしていれば大丈夫。ＡＩの時代にも生き残れるはずです。

２０１９年に発生した「新型コロナウイルス」の渦中、私は「インフルエンザ研究者交流の会」の運営もやっているので、忙しい医療現場の声に応えるため、新型コロナウイルスによって何が起こっているのかについて自宅で多くの論文を読んだり、遺伝子を解析したりしました。専門家を相手にですが、数回ボランティアでセミナーなども行いました。

そして、緑書房から新型コロナウイルスに関する分子進化の立場からの解説をしてほしいと頼まれて、月刊「ＣＡＰ」という獣医学の専門誌に拙文を載せることになりました。

そのとき、第1章のコラム「新型コロナウイルス患者が多い国と少ない国があるのはなぜ？」で詳細を解説した「ファクターX」について考え、「ＨＬＡ‐Ａ２４」という遺伝子を調べてみると、どうも南のほうから日本に来たようだと分かりました。日本人の起源を考えているうちに、緑書房の駒田英子さんより「遺伝子から日本史を読み解いてみる本を書いてみませんか？」と提案されました。

実は私は、国立予防衛生研究所で根路銘国昭博士のもとで研究しているときにインフルエンザウイルスの「分子進化」について考えていました。そこにいたモンゴルからの留学生が日本人そっくりで、モンゴルの民族の話をしているうちに、東京大学の尾本惠市博士、国立遺伝学研究所の五條堀孝博士の協力のもと「モンゴル調査団」という科研費を申請することになりました。そして、無事に交付されることになったのですが、ちょうど私は日本中央競馬会（ＪＲＡ）に就職することになり、モンゴルに行けなかったという苦い経験がありました。そこで今回、遺伝子で日本の歴史を紐解いてみようと思い至りました。

日本の歴史には昔から興味があり、色々と論文を読んでいたこともありますが、文系の人にも面白く読んでもらえて、理系の人にも興味をもっていただけるものを目指しました。理系的発想の私だけでは多くの人に理解できるように書くことはたいへんでしたが、緑書房編集部のみなさんにもご協力いただき、実現することができました。本当にありがとうございました。

２０２４年春　杉田繁夫

# 参考文献


## 口絵

- 三上恵里．日本人トップアスリートの瞬発系・パワー系運動能力を規定する遺伝子多型の探索．日本学術振興会科学研究費助成事業．2011-2012.

## 第1章

- 東京工業大学プレスリリース「“動くDNA”による哺乳類の乳腺進化メカニズムを発見」https://short-link.me/CozQ
- 藤尾慎一郎，篠田謙一，坂本稔ほか．考古学データとDNA分析からみた弥生人の成立と展開．国立歴史民俗博物館研究報告．2022;237:17-69.
- 松尾雄志．雑感 -ome や -(m)ics の意味—語源が分かれば見えてくる？．生物物理化学．2006;50(1):9-11.
- 山中伸弥「山中伸弥による新型コロナウイルス情報発信」https://www.covid19-yamanaka.com
- Nishihara H. Retrotransposons spread potential cis-regulatory elements during mammary gland evolution. Nucleic Acids Res. 2019;47(22):11551–11562.

## 第2章

- ナショナルジオグラフィック「これがデニソワ人だ DNAから骨格を再現，初」https://short-link.me/CoAi
- Cell. 2019;179(1):1-282.
- Ding Q, Hu Y, Xu S, et al. Neanderthal origin of the haplotypes carrying the functional variant Val92Met in the MC1R in modern humans. Mol Biol Evol. 2014;31(8):1994-2003.
- Larena M, McKenna J, Sanchez-Quinto F, et al. Philippine Ayta possess the highest level of Denisovan ancestry in the world. Curr Biol. 2021;31(19):4219-4230.
- Maayan Visuals「Making of the portrait of the Denisovan girl」https://short-link.me/EhlY
- Nature ダイジェスト「デニソワ人に見つかった未知の絶滅人類の痕跡」https://short-link.me/Ehmd
- Slon V, Mafessoni F, Vernot B, et al. The genome of the offspring of a Neanderthal mother and a Denisovan father. Nature. 2018;561(7721):113-116.

## 第3章

- 海部陽介．サピエンス日本上陸 3万年前の大航海．講談社．2020.
- 篠田謙一．新版 日本人になった祖先たち DNAが解明する多元的構造．NHK出版．2019.
- 森浩一．図説 日本の古代 海を渡った人びと．中央公論新社．1989.

- Davis LG, Madsen DB, Becerra-Valdivia L, et al. Late Upper Paleolithic occupation at Cooper's Ferry, Idaho, USA, ~16,000 years ago. Science. 2019;365(6456):891-897.
- Kanzawa-Kiriyama H, Jinam TA, Kawai Y, et al. Late Jomon male and female genome sequences from the Funadomari site in Hokkaido, Japan. Anthropological Science. 2019;127(2):83-108.


## 第4章


- 岡市敏治「第 23 話 日本人はどこから来たの」https://short-link.me/CoAP
- 海上保安庁「日本近海の海流」https://short-link.me/CoAJ
- 国立国会図書館「第 121 回常設展示 コン・ティキ号の冒険」
https://short-link.me/EWnb
- 小林達雄．縄文文化が日本人の未来を拓く．徳間書店．2018.
- 篠田謙一．新版 日本人になった祖先たち DNA が解明する多元的構造．NHK 出版．2019.
- 世界遺産 北海道・北東北の縄文遺跡群「大船遺跡」
https://jomon-japan.jp/learn/jomon-sites/ofune
- 立山晃「巨大海底火山『鬼界カルデラ』の過去と現在」JAMSTEC BASE
https://www.jamstec.go.jp/j/pr/topics/20220428/
- 那須浩郎．縄文時代の植物のドメスティケーション．第四紀研究．2018;57(4):109-126.
- （一財）日本木材総合情報センター 木 net「木材の種類と特性」
https://short-link.me/EhjM
- 農研機構，岡山理科大学，秋田県立大学プレスリリース「ニホングリの栽培化の歴史を遺伝的解析から明らかに」
https://www.naro.go.jp/publicity_report/press/laboratory/nifts/161029.html
- 宮島宏．とっておきのヒスイの話 5．糸魚川市教育委員会．2016.
- 湯浅浩史「ヒョウタンと古代の海洋移住」海洋政策研究所
https://short-link.me/EheD
- Arppe L, Karhu JA, Vartanyan S, et al. Thriving or surviving? The isotopic record of the Wrangel Island woolly mammoth population. Quaternary Science Reviews. 2019;222:105884.
- Chung T. Technological Wears on the Prehistoric Jades in East Asia. Bull Tohoku Univ Museum. 2006;5:41-55.
- Haber M, Jones AL, Connell BA, et al. A Rare Deep-Rooting D0 African Y-Chromosomal Haplogroup and Its Implications for the Expansion of Modern Humans Out of Africa. Genetics. 2019;212(4):1421-1428.
- Hammer MF, Karafet TM, Park H, et al. Dual origins of the Japanese: common ground for hunter-gatherer and farmer Y chromosomes. J Hum Genet. 2006;51(1):47-58.
- McColl H, Racimo F, Vinner L, et al. The prehistoric peopling of Southeast Asia.

Science. 2018;361(6397):88-92.
- Mizin IA, Sipko TP, Davydov AV, et al. The wild reindeer (rangifer tarandus: cervidae, mammalia) on the arctic islands of Russia: a review. Nature Conservation Research. 2018;3(3):1-14.
- Nishio S, Takada N, Takeuchi Y, et al. The domestication and breeding history of Castanea crenata Siebold et Zucc. estimated by direction of gene flow and approximate Bayesian computation. Tree Genetics & Genomes. 2023;19(5):44.
- Nishio S, Takada N, Terakami S, et al. Genetic structure analysis of cultivated and wild chestnut populations reveals gene flow from cultivars to natural stands. Sci Rep. 2021;11(1):240.
- Nonaka I, Minaguchi K, Takezaki N. Y-chromosomal binary haplogroups in the Japanese population and their relationship to 16 Y-STR polymorphisms. Ann Hum Genet. 2007;71(Pt 4):480-95.
- The language gulper「Tibeto-Burman Languages」 https://www.languagesgulper.com/eng/Tibeto.html
- Tumonggor MK, Karafet TM, Downey S, et al. Isolation, contact and social behavior shaped genetic diversity in West Timor. J Hum Genet. 2014;59(9):494-503.
- Zhang Y, Li J, Zhao Y, et al. Genetic diversity of two Neolithic populations provides evidence of farming expansions in North China. J Hum Genet. 2017;62(2):199-204.

## 第5章

- 石平「『皇帝政治』が災いの始まりだった？ わずか15年で秦を滅亡させた始皇帝の誤算」PHP オンライン WEBVoice https://voice.php.co.jp/detail/9127
- 岸本文男．“春秋”以前の中国の金属鉱業．地質ニュース．1982; 333:12-23.
- 斎藤成也．DNA からみた日本人．筑摩書房．2005.
- 中国新聞社「『殷墟』で出土した紀元前の戦車は当時の壮大な文明交流を物語る 専門家が解説」https://www.recordchina.co.jp/b907393-s41-c30-d0198.html
- ナショナルジオグラフィック「解説：黄河に古代の大洪水跡、伝説の王朝が実在？」 https://natgeo.nikkeibp.co.jp/atcl/news/16/a/080800048/
- 有名人のハプログループ「Y染色体ハプログループQ系統」 https://short-link.me/CoEN
- Cai X, Qin Z, Wen B, et al. Human migration through bottlenecks from Southeast Asia into East Asia during Last Glacial Maximum revealed by Y chromosomes. PLoS One. 2011;6(8):e24282.
- Montgomery DR. ANTHROPOLOGY. Emperor Yu's Great Flood. Science. 2016;353(6299):538-9.
- Wang L, Oota H, Saitou N, et al. Genetic structure of a 2,500-year-old human population in China and its spatiotemporal changes. Mol Biol Evol. 2000;17(9):1396-400.

- Wu Q, Zhao Z, Liu L, et al. Outburst flood at 1920 BCE supports historicity of China's Great Flood and the Xia dynasty. Science. 2016;353(6299):579-82.
- Yong W「匈奴，孔子，曹操的基因 Genes of Hunnu, Confucius & Emperor Cao」https://short-link.me/Ehtk
- Zhang Y, Li J, Zhao Y, et al. Genetic diversity of two Neolithic populations provides evidence of farming expansions in North China. J Hum Genet. 2017;62(2):199-204.


## 第6章


- 梶山彦太郎，市原実．大阪平野のおいたち．青木書店．1986.
- 金平譲司「パズルの最後の１ピースを探し求めて，注目される山東省の DNA のデータ」https://short-link.me/CoFr
- 河合忍「変化する縄文時代観」岡山県古代吉備文化財センター https://short-link.me/D1rg
- 河合隼雄．母性社会日本の病理．講談社．1997.
- 神澤秀明，角田恒雄，安達登ほか．島根県出雲市猪目洞窟遺跡出土人骨の核 DNA 分析．国立歴史民俗博物館研究報告．2021;228:329-340.
- 倉田のり，久保貴彦「イネの栽培化の起源がゲノムの全域における変異比較解析により判明した」https://first.lifesciencedb.jp/archives/6056
- 国立遺伝学研究所「第 15 回 イネの栽培化は，中国の珠江流域で始まった！」https://short-link.me/Ehdd
- 斎藤成也．遺伝子からみる出雲と東北の知られざる類似性．テンミニッツ TV. 2019．https://10mtv.jp/pc/content/detail.php?movie_id=2586
- 斎藤成也「神話の出雲国・大社町 日本人の源流」https://kinkitaisyakai.net/other/dna.html
- 斎藤成也．変貌する人類史 日本列島人の起源と成立．現代思想．2017;45(12):128-144.
- 佐藤洋一郎．稲の日本史．KADOKAWA／角川学芸出版．2002.
- 佐藤洋一郎「米が育んだ日本の歴史と文化」Public Relations Office Government of Japan https://short-link.me/CoPD
- 田久保晃．水田と前方後円墳．JAGREE．2019;11:4-11.
- 長浜浩明．日本の誕生 皇室と日本人のルーツ．ワック．2019.
- 奈良女子大学 古代学・聖地学研究センター「全国古墳データベース」https://zenkoku-kofun.nara-hgis.jp/
- 米穀機構米ネット「米の生産量が増えて日本の人口も増えた」https://short-link.me/Ehsp
- ヤマトライス「銘柄と種類」https://www.yamatorice.co.jp/okomejiten/brand.html
- Huang X, Kurata N, Wei X, et al. A map of rice genome variation reveals the origin of cultivated rice. Nature. 2012;490(7421):497-501.
- Li Y, Fujiwara K, Osada N, et al. House mouse Mus musculus dispersal in East

Eurasia inferred from 98 newly determined complete mitochondrial genome sequences. Heredity (Edinb). 2021;126(1):132-147.
- Watanabe Y, Naka I, Khor S, et al. Analysis of whole Y-chromosome sequences reveals the Japanese population history in the Jomon period. Scientific Reports. 2019;9:8556.
- World Health Organization「Depression and Other Common Mental Disorders」 https://short-link.me/Ehb7

## 第７章

- 飯島紀．古代の歴史ロマン４ハンムラビ法典『目には目を歯には歯を』含む282条の世界最古の法典．国際語学社．2002.
- 環境省環境白書「第２節１古代文明の盛衰の歴史」https://short-link.me/CowM
- American association for the advancement of science (AAAS)「古人骨によって農業の起源に関する見解が変わる」
https://www.eurekalert.org/news-releases/506567?language=japanese
- Broushaki F, Thomas MG, Link V, et al. Early Neolithic genomes from the eastern Fertile Crescent. Science. 2016;353(6298):499-503.
- Feldman M, Fernández-Domínguez E, Reynolds L, et al. Late Pleistocene human genome suggests a local origin for the first farmers of central Anatolia. Nat Commun. 2019;10(1):1218.
- Hawass Z, Ismail S, Selim A, et al. Revisiting the harem conspiracy and death of Ramesses III: anthropological, forensic, radiological, and genetic study. BMJ. 2012;345:e8268.
- Kappelman J, Todd LC, Davis CA, et al. Adaptive foraging behaviours in the Horn of Africa during Toba supereruption. Nature. 2024;628(8007):365-372.
- Nature asia「【遺伝学】アナトリア中部での農業の起源を探る」
https://short-link.me/EhaJ
- Nature「考古学：アフリカからのヒトの分散が乾燥期に起こっていた可能性」
https://short-link.me/Eh9k
- Sahakyan H, Margaryan A, Saag L, et al. Origin and diffusion of human Y chromosome haplogroup J1-M267. Sci Rep. 2021;11(1):6659.
- Sahoo S, Singh A, Himabindu G, et al. A prehistory of Indian Y chromosomes: evaluating demic diffusion scenarios. Proc Natl Acad Sci USA. 2006;103(4):843-8.
- Sayre HM. Discovering the humanities 2nd ed. Pearson. 2013.
- Trivedi R, Sahoo S, Singh A, et al.「High resolution phylogeographic map of Y-Chromosome reveal the genetic signatures of Pleistocene origin of Indian populations」https://short-link.me/EhoD

※ここに挙げたもの以外にも多数の文献や資料などを参考にしました。

## 著 者

# 杉田繁夫 (すぎた しげお)

博士(医学)、日本中央競馬会(JRA)競走馬総合研究所企画調整室
専門はウイルスの分子進化。1959 年生まれ。京都大学薬学部卒、同大学院課程修了退学。大学院時代、アメリカ国立衛生研究所(NIH)による遺伝子工学のガイドラインが大幅に緩和されたこともあり、日本の遺伝子工学黎明期に遺伝子工学を学ぶ。その後、国立予防衛生研究所(現：国立感染症研究所)の厚生省流動研究員として、根路銘国昭博士の下で流行インフルエンザウイルスの遺伝子配列を決定するとともに、国立遺伝学研究所の五條堀孝博士の下で分子進化の解析手法を学ぶ。その後、JRA 競走馬総合研究所に着任。インフルエンザ研究者交流の会の運営も担当。

●イラスト(カバー) …… 晴れ隆雄

●イラスト(カバー)の解説(著者より)

現代の日本の根底には、縄文時代(左上)の自然を崇拝する文化があります。そして、弥生時代(右下)に発達した稲作によって作られた米が食卓の中心です。さらに、古墳時代にはインド(左下)で発達した仏教や、中国(右上)で孔子が広めた儒教が日本の文化の一部になっています。そして、三毛猫(日本猫)は招き猫。「さあさあ、みなさん、この本を読んでください」と、この本を手に取ってくれるみなさんにとっても、筆者の私にとっても、幸福をもたらしてくれる猫ですね！

# 遺伝子からたどる
# 日本の歴史と起源

2024年6月10日　第1刷発行

著　者……………………杉田繁夫
発行者……………………森田浩平
発行所……………………株式会社 緑書房
〒103-0004
東京都中央区東日本橋3丁目4番14号
TEL　03-6833-0560
https://www.midorishobo.co.jp

編　集……………………駒田英子、白土夏穂
組　版……………………泉沢弘介
印刷所……………………図書印刷


ISBN978-4-89531-948-5　Printed in Japan